W0371363

Étonnantes orchidées

Oncidium macranthum
'PATIENCE', AM/AOS

Étonnantes orchidées

THOMAS J. SHEEHAN

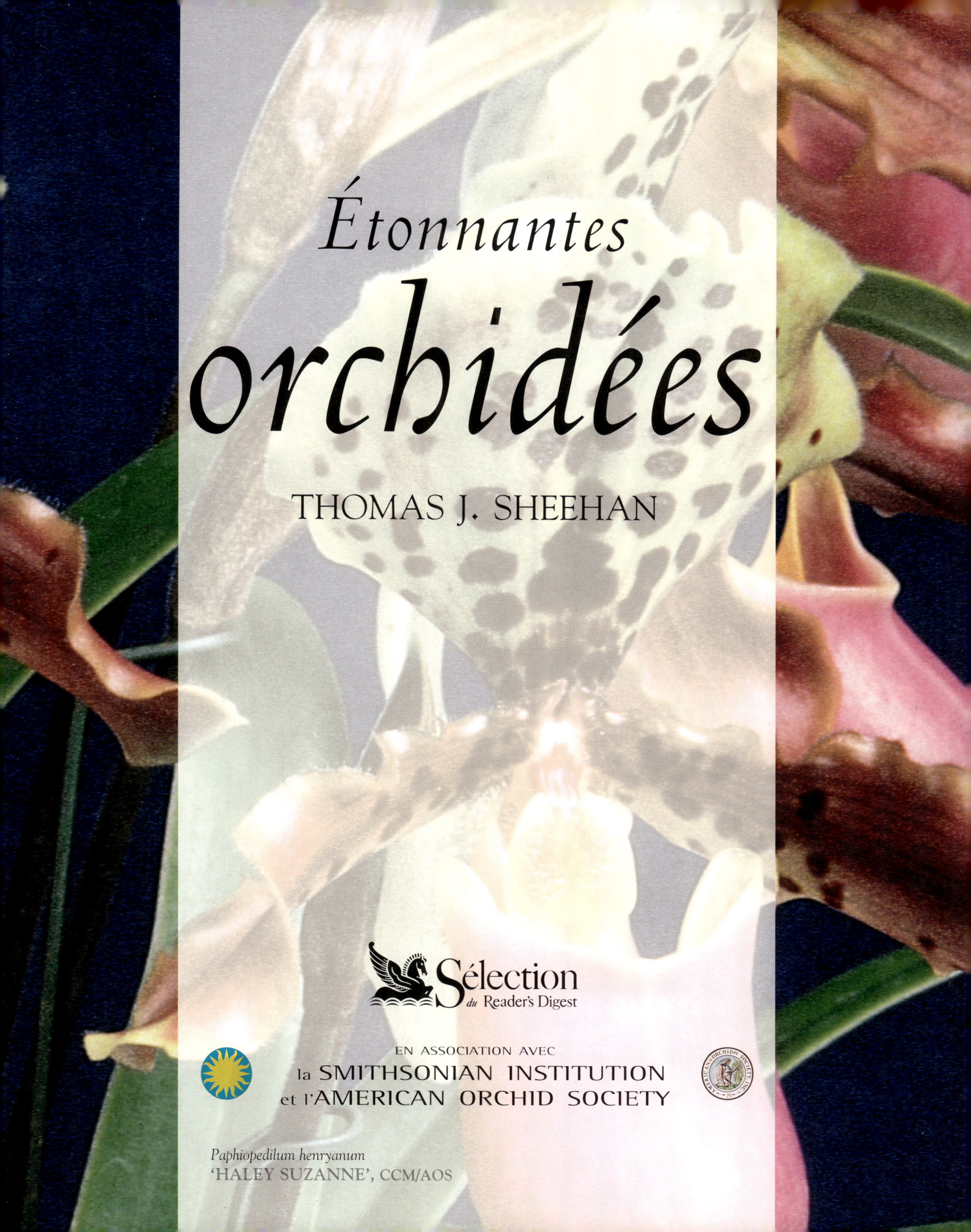

Sélection du Reader's Digest

EN ASSOCIATION AVEC
la SMITHSONIAN INSTITUTION
et l'AMERICAN ORCHID SOCIETY

Paphiopedilum henryanum
'HALEY SUZANNE', CCM/AOS

Un livre Dorling Kindersley

Étonnantes orchidées
est l'adaptation française de Ultimate Orchid,
réalisé par DK Publishing, Inc

EDITION ORIGINALE
DK Publishing
Edition : Sean Moore et Ray Rogers
Direction artistique : Tina Vaughan et Mandy Earey
Maquette : Russel Shaw
Fabrication : Chris Avgherinos

CONSULTANTS
American Orchid Society : James B. Watson
Smithsonian Institution : Thomas Mirenda

Cymbidium lowianum var. lowianum
'COMTE D'HEMPTINNE', CHM/AOS (p. 36)

ADAPTATION FRANÇAISE
BOOKMAKER
Traduction : Valérie Garnaud d'Ersu
Consultants : Françoise et Philippe Lecoufle
Mise en pages et couverture : Irène de Moucheron
Coordination : Patrick Michel-Dansac

Sous la direction de l'équipe éditoriale de Sélection du Reader's Digest
Direction éditoriale : Gérard Chenuet
Responsable de l'ouvrage : Christine de Colombel
Lecture-correction : Béatrice Le Squer-Argentier

PREMIÈRE ÉDITION – 2ème Tirage
Édition originale
© 2001, DK Publishing, Inc

Édition française
© 2002, Sélection du Reader's Digest, SA
212, boulevard Saint-Germain, 75007 Paris
© 2002, NV Reader's Digest, SA
20, boulevard Paepsem, 1070 Bruxelles
© 2002, Sélection du Reader's Digest, SA
Räffelstrasse 11, « Gallushof », 8021 Zurich
© 2002, Sélection du Reader's Digest (Canada), Ltée
1100, boulevard René-Lévesque Ouest, Montréal, Québec H3B 5H5

ISBN 2-7098-1366-1

Tous droits de traduction, d'adaptation et de reproduction,
sous quelque forme que ce soit, réservés pour tous pays.

Achevé d'imprimer : février 2003
Dépôt légal en France : septembre 2002
Dépôt légal en Belgique : D 2002-0621-71

Imprimé en Slovaquie

SOMMAIRE

Phragmipedium longifolium
'LEXIE SAUER', AM/AOS (p. 28)

Masdevallia veitchiana 'MACRO', AM/AOS

Timbre indien

Timbre russe (p. 152)

Aerangis curnowiana (p. 136)

PRÉFACE DE
L'AMERICAN ORCHID SOCIETY

Brassocattleya **BINOSA 'WABASH VALLEY',** AM/AOS, collection de la Smithsonian Institution.

La Smithsonian Institution offre une garantie d'excellence dans les domaines de la préservation des espèces et de la vulgarisation. L'American Orchid Society dispose d'une base d'informations essentielle concernant la culture de ces fleurs mythiques qui ont tant d'admirateurs fervents. L'association de ces deux institutions est donc une alliance efficace et fructueuse. Quant à l'auteur de l'ouvrage, le professeur Thomas J. Sheehan, il est à la fois homme de science et grand pédagogue. Son approche claire et empreinte de bon sens a encouragé les néophytes et stimulé les amoureux des orchidées au cours des dernières décennies.

Depuis plus de quatre-vingts ans, les activités d'information et de diffusion de l'American Orchid Society témoignent de la motivation de ses membres et de l'ampleur de la communauté des amateurs d'orchidées. L'étude des orchidées, leur multiplication, leur conservation au sein de collections, leur culture font l'objet d'une ardeur insatiable. Avec ses photographies de qualité et son texte fondé sur des références scientifiques sans être rébarbatif pour autant, cet ouvrage deviendra certainement le livre de chevet de tous les « accros » des orchidées.

Quel est le mystère des orchidées ? Quel est cet engouement qui poussa les collectionneurs d'antan à risquer leur vie et qui séduit toujours plus d'adeptes de nos jours ? Quels sont les défis qui unissent les néophytes et les amateurs les plus expérimentés dans la quête de ces plantes hors du commun ? Vous trouverez dans cet ouvrage quelques réponses à ces questions et quelques pistes pour rejoindre la foule des passionnés. À vous d'être saisi par la fièvre de l'orchidophilie !

Lee S. Cooke
Administrateur délégué
de l'American Orchid Society

PRÉFACE DE

L'ÉDITION FRANÇAISE

Les orchidées sont présentes sur tous les continents et étaient déjà connues dans l'Antiquité. Néanmoins, la passion pour ces plantes naquit à l'époque de la découverte du Nouveau Monde par les Européens. Thomas J. Sheehan évoque la première introduction d'orchidées aux États-Unis : les plantes arrivaient… d'Angleterre ! Les premiers hybrides ont été créés par des Européens, la France ayant à son actif l'enregistrement du premier hybride de *Miltonia, Milt. Bleuana*. Aujourd'hui, c'est toujours l'Europe, par l'intermédiaire de la Royal Horticultural Society de Londres, qui tient le registre des nouveaux hybrides créés de par le monde, continuant ainsi le travail entrepris au début du xxe siècle par la famille belge Sanders. Le dynamisme américain doit beaucoup à l'expérience européenne : lors des deux guerres mondiales, de nombreuses collections européennes furent transférées totalement ou partiellement aux États-Unis pour assurer leur sauvegarde. D'autres, comme une partie de la collection anglaise Black and Flory, furent expédiées en Nouvelle-Zélande. Elles ne revinrent pas et furent à l'origine d'un fantastique déploiement de créativité, outre-Atlantique notamment. C'est encore grâce à l'inventivité européenne que l'orchidophilie américaine connut un fort développement dans les années 1960. La découverte de la reproduction méristématique – reproduction à l'identique des plus belles variétés botaniques ou de cultivars hybrides – par le professeur Georges Morel fut un progrès décisif. Sa mise au point industrielle par la société française Vacherot & Lecoufle permit dès lors la multiplication des orchidées par tous. Aujourd'hui, l'engouement pour les orchidées traverse tous les continents. Ce livre, qui en est un très beau témoignage, montre les merveilles qui sont produites dans tous les pays du monde.

Compte rendu de la première réunion de l'American Orchid Society, le 7 avril 1921.

Philippe et Françoise Lecoufle

LES ORCHIDÉES DANS L'HISTOIRE

John Lindley (1799-1865), l'un des premiers botanistes orchidophiles.

Présentes sur tous les continents, les espèces d'orchidées ont constitué des sources de nourriture et de remèdes médicinaux pendant des milliers d'années. À l'époque des explorateurs, les orchidées dites exotiques se sont exportées dans le monde entier pour le plus grand bonheur de leurs amateurs. La culture des orchidées en tant que plantes ornementales et la conduite de programmes de sélection pour créer de nouveaux hybrides sont devenues une activité horticole à part entière, une passion pour des milliers de jardiniers avertis.

PREMIÈRES RÉFÉRENCES

Depuis 600 avant J.-C environ, l'histoire des orchidées est assez bien documentée. Ainsi, Confucius fait référence à *lan* (mot chinois désignant l'orchidée) comme la « reine des plantes parfumées », mentionnant souvent « le parfum suprême de *lan* ». Selon lui, faire la connaissance d'hommes bons est aussi agréable que d'entrer dans une pièce remplie de *lan*.

Le mot « orchidée », inventé par le philosophe grec Théophraste (372-v. 287 av. J.-C.), vient du grec *orchis*, qui signifie testicule, par référence, sans aucun doute à la paire de tubercules souterrains que présentent de nombreuses orchidées méditerranéennes. L'*Histoire naturelle* de Pline l'Ancien (77 apr. J.-C.), à l'origine de la théorie des signatures, qui voulait que Dieu indique l'utilité d'une plante par son aspect, évoque le pouvoir sexuel des orchidées.

Au Ier siècle de l'ère chrétienne, le médecin grec Dioscoride précise que les orchidées sont précieuses pour traiter les problèmes génitaux.

Confucius

L'arôme de vanille est extrait des gousses fermentées de plusieurs espèces du genre Vanilla. *Sur cette photo, on peut voir les gousses immatures et la fleur (à gauche).*

DES ORCHIDÉES À MANGER

En 1552, l'*Herbier aztèque*, également connu sous le nom de *Manuscrit Badianus*, inclut la première référence à la vanille, signalant que cet extrait des gousses de *Vanilla planifolia* et d'autres espèces proches servait à parfumer une boisson à base de cacao. La vanille (*tlixochitl* en aztèque) entrait également dans la composition d'un parfum et d'une lotion pour le corps. Cette dernière avait la réputation de soulager la fatigue, mais aussi de donner du courage pour surmonter la peur.

En 1633, les tubercules de *Cynorkis* sont mentionnés dans l'*Herball* de Gerard : « Ces espèces de testicules de chien doivent être chaudes et humides, mais les plus gros semblent entraîner une flatulence excessive ; la boisson qui en est extraite stimule l'appétit charnel. »

Vers 1640, l'Anglais John Parkinson signale les propriétés de *Cynorkis* en se référant à la théorie des signatures : « Dioscoride dit que les racines sont consommées après cuisson comme d'autres bulbes, que si les hommes mangent les plus grosses racines, ils engendrent des enfants de sexe mâle, que si les femmes mangent les plus petites, elles engendrent des filles. Que les femmes de Thessalie donnent des racines cuites dans du lait de chèvre pour stimuler le désir sexuel, des racines séchées pour le calmer au contraire, et que les vertus de l'une sont annulées par la prise de l'autre. »

PREMIÈRES IMPORTATIONS EN ANGLETERRE

La première importation connue d'orchidées tropicales remonte à 1731, quand Peter Collinson introduisit *Bletia verecunda* (aujourd'hui *Bletia purpurea*) en Angleterre, depuis les Bahamas. D'autres orchidées suivirent et, en 1794, les serres des Royal Botanic Gardens de Kew comptaient quinze espèces d'orchidées tropicales.

Mais il faut attendre la création de la première pépinière d'orchidées par Loddiges à Londres, en 1812, pour que ces fleurs fassent l'objet d'une culture commerciale. Parmi les espèces importées par Loddiges figurait un spécimen d'*Oncidium bifolium* ; une petite étiquette y était attachée,

indiquant qu'il avait été suspendu dans la cabine du bateau, sans terre, et avait continué à fleurir pendant la plus grande partie de la traversée vers l'Europe — cela semblait à peine croyable !
Alors qu'il collectait des plantes dans les montagnes du Brésil, William Swainson en découvrit certaines qui n'étaient pas en fleurs et dont il fit peu de cas. Comme leurs feuilles étaient raides et coriaces, il s'en servit pour emballer d'autres plantes, qu'il expédia en Angleterre. Les envois furent réceptionnés par un horticulteur, William Cattley, qui, intéressé par ces curieuses plantes, décida de les conserver. L'une d'elles fleurit en novembre 1918, ne ressemblant en rien à ce que Cattley avait pu observer jusque-là. John Lindley conclut lui aussi à une nouveauté dans le monde horticole et nomma cette plante *Cattleya labiata* (p. 54), en hommage à Cattley et pour évoquer le grand labelle de la fleur.

Cette femme confectionne des leis, traditionnelles guirlandes de fleurs offertes en cadeau de bienvenue à Hawaii, avec des fleurs d'orchidées.

Balbutiements de la culture aux États-Unis

On ne connaît pas la date exacte de la première introduction d'une orchidée tropicale aux États-Unis. Selon certains récits, le premier envoi en nombre d'orchidées aurait été expédié en 1838 par James Boot, qui vivait en Angleterre, à son frère John, demeurant à Boston. D'autres témoignages tendraient à montrer que John Boott cultivait des orchidées dès 1829. Un dénommé Wilder présenta un spécimen d'*Oncidium flexuosum* à une réunion de la Massachusetts Horticultural Society le 27 juin 1837, soit presque un an avant que ne fussent débarquées les orchidées de John Boott.
En Angleterre, la famille Sanders fut l'une des premières à cultiver les orchidées à grande échelle. Elle envoyait des expéditions dans le monde entier pour recevoir de nouvelles espèces. En 1894, elle employait une centaine de personnes uniquement pour rempoter les orchidées fraîchement arrivées et cultivait quelque 2 millions de plantes !

Début de la commercialisation aux États-Unis

La production commerciale des orchidées aux États-Unis commença vers 1848, lorsque Charles Power créa son entreprise au Massachusetts. Thomas Young fonda la sienne dans le New Jersey en 1905 et devint rapidement le plus gros producteur d'orchidées pour la fleur coupée. En 1911, Armacost et Royston ouvrirent une pépinière en Californie ; au début des années 1920, ils consacraient plus de 9 000 m^2 à la seule culture des orchidées.
Les îles Hawaii ont souvent été appelées les « îles aux orchidées », même si ces fleurs ne furent pas introduites très tôt sous ce climat tropical. Ce n'est qu'à partir de 1930 que Y. Hirose, à Hilo, commença à importer de nombreuses espèces. Ce fut le début du développement de cultures très importantes pour ces îles. En 1942, les premières fleurs coupées furent expédiées d'Hawaii, qui devint, dans les huit années qui suivirent, le plus grand producteur commercial d'orchidées au monde.

L'orchidée moderne

La découverte de la germination en milieu aseptisé par Noël Bernard, puis Louis Knudson dans les années 1920, celle des polyploïdes et de leur rôle dans les hybridations dans les années 1950, celle de la multiplication par culture de méristème à la suite des travaux du Pr Georges Morel dans les années 1960 ont chacune eu une grande importance et un effet très stimulant sur la production, l'hybridation et la multiplication des orchidées. Ces avancées ont permis aux producteurs d'obtenir des hybrides plus rapidement et en plus grand nombre qu'auparavant.

Ces rangées de flacons en verre abritent une production à grande échelle de plantules d'orchidées, obtenues dans des conditions stériles.

QU'EST-CE QU'UNE ORCHIDÉE ?

Tous les membres de la famille des orchidées, malgré sa gigantesque diversité, avec environ 25 000 espèces et plus de 105 000 hybrides créés par l'homme, ont en commun une même structure florale. Les cinq caractéristiques communes des fleurs d'orchidées sont : 1) la zygomorphie ; 2) la colonne ou gynostème ; 3) le rostellum ; 4) deux ou plusieurs pollinies ; 5) le labelle.

FLEURS ZYGOMORPHES

On distingue deux grandes formes de fleurs dans le monde végétal. Les fleurs zygomorphes (irrégulières) admettent, vues de face, un unique axe de symétrie. Alors que les fleurs régulières, telle la rose, peuvent être divisées en deux moitiés superposables selon d'innombrables axes de symétrie.

COLONNE (OU GYNOSTÈME)

Les fleurs d'orchidées ont des organes reproducteurs tout à fait spécifiques. Au lieu de présenter des étamines (organes mâles) et des stigmates (organes femelles) séparés, comme chez les lis ou les roses, les orchidées présentent un élément unique appelé colonne, qui résulte de la fusion entre organes mâles et femelles de la fleur. Elle est généralement cireuse, blanche, située au centre de la fleur, parfois masquée par les lobes latéraux du labelle.
Chez certaines orchidées (comme *Phalaenopsis*, pp. 99-109), la colonne peut être de la même couleur que les pétales.

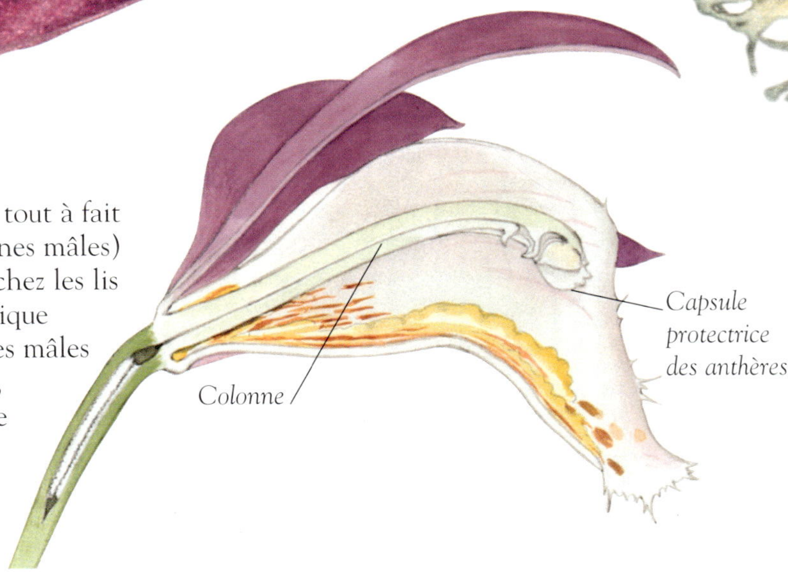

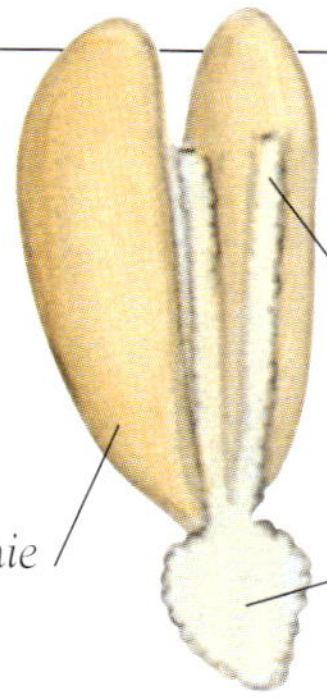

POLLINIES

Dans la majorité des fleurs, le pollen – poudre constituée des cellules reproductrices mâles produites par les étamines –, est disséminé lorsque quelque chose entre en contact avec la fleur. Ce n'est pas le cas chez les orchidées. Le pollen de la fleur d'orchidée est aggloméré en petites boules : les pollinies, qui peuvent être soudées à une petite tige appelée caudicule, à son tour reliée à un disque collant, le viscidium, qui se fixe puis se détache des insectes pollinisateurs.

Le nombre et la forme des pollinies servent d'éléments d'identification : ainsi le genre *Phalaenopsis* compte deux pollinies, *Cattleya* quatre, *Laelia* huit et *Brassavola cucullata* douze.

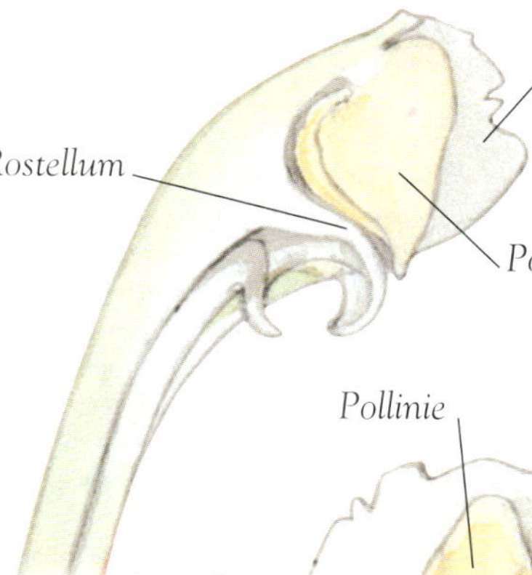

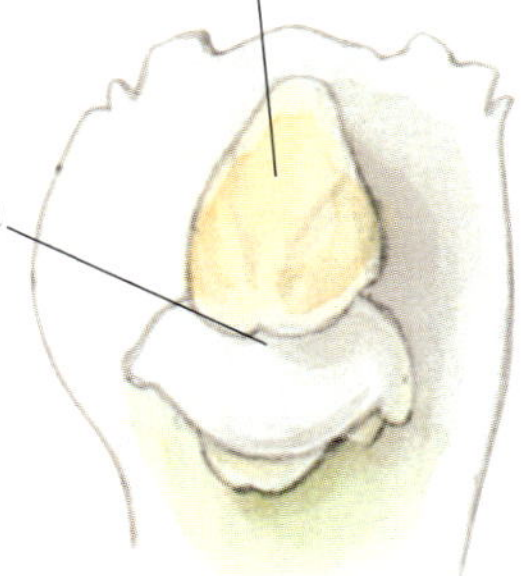

LABELLE

Le labelle est un pétale très modifié, souvent l'élément le plus développé et le plus coloré de la fleur. Il sert fréquemment de plate-forme d'atterrissage aux insectes pollinisateurs. Chez certaines orchidées, le labelle est large et presque plat (*Cochleanthes*, p. 118), renflé en poche ou sabot (*Paphiopedilum*, pp. 20-27), ou minuscule et dissimulé dans un tube formé par les sépales (*Masdevallia*, pp. 70-71). Le labelle peut être cireux et/ou frangé au bord, porter des éperons (*Aerangis* et *Rangaeris*, p. 136), des poils ou d'autres structures.

ROSTELLUM

Le rostellum est une glande située à l'extrémité de la cavité stigmatique et joue un double rôle chez de nombreuses orchidées (par exemple *Cattleya* et *Phalaenopsis*). Il forme tout d'abord un barrage de tissu entre les parties mâle et femelle, évitant ainsi l'autopollinisation et assurant donc une pollinisation croisée. Il joue également un rôle très important dans la pollinisation. Lorsque l'insecte pollinisateur approche et entre en contact avec le rostellum, une goutte d'un liquide très collant est déposée sur le dos de l'insecte. Ce stratagème permet aux pollinies de l'extrémité de la colonne de se fixer solidement au dos de l'insecte lorsque celui-ci quitte la fleur, et ainsi d'être transportées vers une autre fleur pour la pollinisation.

CLASSIFICATION DES ORCHIDÉES

Le premier grand système de classification au sein de la famille des orchidées fut créé par John Lindley en 1825. Celui-ci poursuivit ses travaux pendant quarante ans, essayant d'améliorer sans cesse son système pour parvenir à la perfection. Au fil des ans, les taxonomistes (qui étudient la classification) ont modifié la composition de cette famille botanique. Actuellement, la plupart d'entre eux s'accordent à reconnaître les travaux de Robert L. Dressler comme les plus avancés en la matière, et c'est donc la nomenclature généralement adoptée. La classification présentée ici est basée sur l'ouvrage de Dressler *Phylogénie et Classification de la famille des orchidées* (1993), et l'organisation de ce livre s'en inspire.

FAMILLE

Tout groupe de genres (voir ci-contre) présentant un ensemble de caractéristiques communes forme une unité appelée famille. Le monde végétal compte plus de 300 familles de plantes à fleurs. Les noms des familles se terminent en -acées (Orchidacées) ou *-aceae* (*Orchidaceae*).

SOUS-FAMILLE

Dans les grandes familles, les genres (voir ci-contre) qui semblent selon les taxonomistes avoir une origine commune sont regroupés en sous-familles. Les Orchidacées comptent au moins 5 sous-familles. Le nom de la sous-famille se termine en -oïdées ou *-oideae*.

TABLEAU DE CLASSIFICATION

Le tableau ci-dessous illustre la façon dont une orchidée particulière, ici *Laelia purpurata* et ses variétés, trouve sa place dans la vaste famille des Orchidacées. En commençant au sommet par la famille des orchidées, les niveaux d'identification permettent de parvenir jusqu'à l'espèce et ses variétés à la base du tableau.

Les teintes des encadrés correspondent aux définitions données ci-dessus.

Reportez-vous aux pages 54 à 67 pour une présentation détaillée du genre *Laelia* et des plantes proches dans les *Cattleya* et genres alliés.

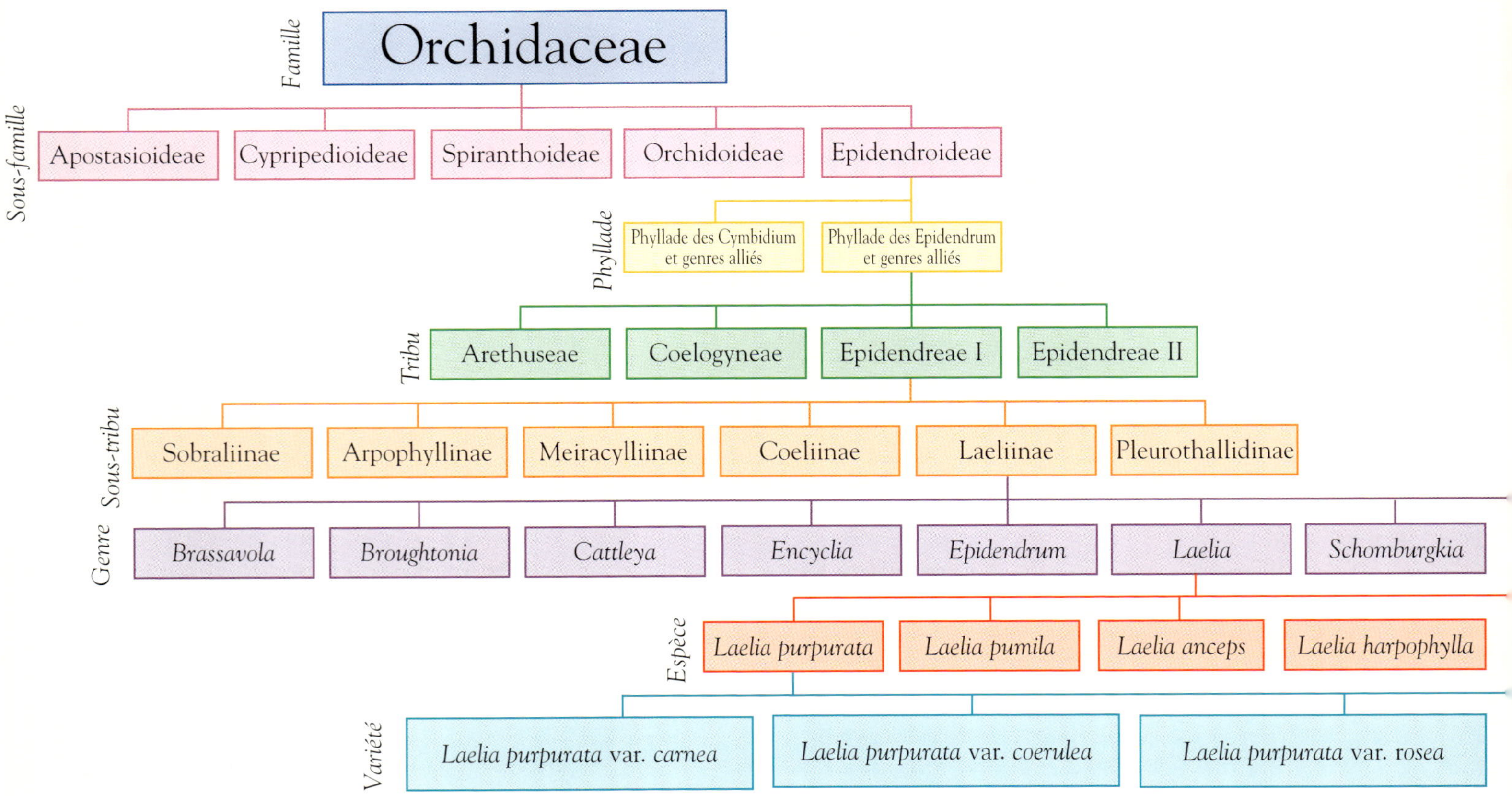

PHYLLADE
Il s'agit d'une lignée phylogénétique naturelle (essentiellement une branche ou ramification d'un arbre généalogique) comprenant un groupe aux caractéristiques similaires.

TRIBU
La tribu est l'échelon suivant permettant de classer les grandes familles complexes. Il comprend un groupe de genres qui sont plus proches que dissemblables. Le nom de tribu se termine en -ées ou *-eae*.

SOUS-TRIBU
Les genres les plus proches au sein d'une tribu sont regroupés en sous-tribus ; la sous-tribu peut compter un genre unique comme de nombreux genres. Dressler divise la famille des Orchidacées en 74 sous-tribus. Le nom de sous-tribu se termine en -inées ou *-inae*.

GENRE
Un genre est un groupe de plantes dont les caractéristiques communes constituent des liens plus importants entre elles qu'avec les autres membres de la famille considérée. Les taxonomistes distinguent plus de 800 genres dans la famille des orchidées. Le nom de genre se termine souvent en -a, -us, -um.

ESPÈCE
L'espèce constitue l'unité de base de la classification taxonomique. La famille des orchidées compte à ce jour plus de 25 000 espèces identifiées. Le nom d'espèce se termine par des lettres qui « s'accordent » avec le nom de genre, selon les règles de la nomenclature botanique.

VARIÉTÉ
Au sein d'une espèce, on peut trouver un individu qui présente une variation mineure le distinguant d'un membre typique de l'espèce. Une plante à fleurs blanches d'une espèce présentant normalement des fleurs pourpres est considérée comme une variété. Les orchidées compte de très nombreuses variétés.

LES NOMS DES ORCHIDÉES

La façon de nommer une espèce végétale est définie par deux codes internationaux (l'un concerne les plantes sauvages, l'autres les hybrides obtenus en culture), destinés à éviter que deux plantes ne portent le même nom. Tous les noms des orchidées ont été attribués en tenant compte de ces règles.

Nom de genre *(voir ci-dessus)* — Nom de grex *(voir p. 15)*

Oncidium **ELFIN STAR** 'PUANANI', AM/AOS

Cultivar *(voir p. 15)* — Récompense *(voir p. 150)*

Nom de genre *(voir ci-dessus)* — Nom d'espèce *(voir ci-dessus)* — Nom de variété *(voir ci-dessus)*

Laelia purpurata var. *rosea* 'NEPTUNE', AM/AOS

Cultivar *(voir p. 15)* — Récompense *(voir p. 150)*

Sophronitella — *Sophronitis*

Laelia rubescens — *Laelia tenebrosa*

Laelia purpurata var. *sanguinea* — *Laelia purpurata* var. *schusteriana*

GENRES ALLIÉS

L'expression de « genres alliés » désigne un groupe de genres qui présentent de nombreuses caractéristiques communes et peuvent être utilisés afin d'obtenir de nouveaux genres hybrides. Une alliance est limitée aux genres d'une même tribu, comme les *Cattleya* et genres alliés, présentés pages 52 à 66.

Abréviations utilisées dans les légendes

hg : en haut à gauche
hd : en haut à droite
hc : en haut au centre
c : au centre
cg : au centre à gauche
cd : au centre à droite
bg : en bas à gauche
bd : en bas à droite
bc : en bas au centre

VARIABILITÉ

Un individu appartenant à une espèce donnée ne produit pas nécessairement des fleurs identiques à celles produites par d'autres membres de la même espèce. La variabilité dans l'aspect des fleurs, qui reflète des différences génétiques sous-jacentes, apparaît dans la nature comme chez les plantes cultivées. Ces différences par rapport à une norme peuvent être appréciées en tant que telles, et les obtenteurs utilisent cette variabilité dans leurs programmes d'hybridation afin d'obtenir de nouvelles formes et teintes ou d'autres caractéristiques.

Sanguinea (sanguine) fait référence à la coloration d'ensemble rouge pourpré de cette variété curieusement foncée.

Laelia purpurata var. *sanguinea*
'TWIN PEAKS', HCC/AOS

VARIÉTÉS BOTANIQUES

Laelia purpurata, une espèce native du Brésil, présente une variabilité remarquable. Plus de 25 teintes différentes de fleurs ont été répertoriées et officiellement baptisées comme variétés botaniques (voir Classification des orchidées, pp. 12-13). De nombreux individus de ces variétés ont été sélectionnés, nommés et multipliés par voie végétative en tant que cultivars ; quelques-uns sont présentés ici (voir aussi pp. 52-53).

Coerulea (céruléen) fait référence à la coloration bleutée du labelle et des pétales.

Laelia purpurata var. *coerulea*
'CRAIG REAVIS', AM/AOS

Carnea (littéralement « couleur chair »)fait référence au labelle rose foncé.

Laelia purpurata var. *carnea*
'HOWE', HCC/AOS

Le labelle pourpre soutenu distingue ce cultivar.

Laelia purpurata var. *schusteriana*
'PURPLE VELVET', HCC/AOS

Remarquez le contraste de jaune vif et de rose pourpré du labelle.

Laelia purpurata
'NEPTUNE', AM/AOS

Grex

Grex est un mot grec qui signifie troupeau. Il est utilisé pour désigner l'ensemble de toutes les plantes issues d'un même croisement. Lorsqu'un obtenteur a officiellement enregistré un nom de grex pour un croisement, toutes les plantes issues des graines de ce croisement (et les croisements identiques reproduits ultérieurement) ainsi que celles issues de la multiplication végétative de plantes issues de ce croisement, sont des membres de ce grex particulier. Les fleurs de n'importe quel grex peuvent être très similaires ou présenter une variabilité notable, comme illustré ici avec *Sophrolaeliocattleya* CALIFORNIA DELIGHT. Le nom de grex figure généralement en capitales.

Croisements multigénériques

De nombreuses orchidées cultivées présentent dans leur patrimoine génétique plusieurs générations d'hybridations, pouvant inclure jusqu'à neuf genres différents ! Avec chaque genre introduit dans la lignée, le degré d'hétérozygotie (différences au niveau des chromosomes) s'accroît, ce qui multiplie les chances d'obtenir des plantes aux différences visibles. Ce phénomène est à l'origine de la palette sans cesse plus vaste de formes et teintes de fleurs que l'on peut rencontrer chez les orchidées hybrides.

Une famille extraordinaire

Parmi toutes les familles du monde végétal, l'existence de très nombreux hybrides multigénériques est un phénomène unique des Orchidacées. *Sophrolaeliocattleya*, l'hybride trigénérique illustré ici, résulte de l'union génétique de trois genres : *Sophronitis* (p. 66), *Laelia* (p. 58) et *Cattleya* (p. 54). De nombreux autres hybrides multigénériques existent parmi les orchidées et sont illustrés dans cet ouvrage.

Hybrides et cultivars

Un hybride est le résultat de l'union, qu'elle soit spontanée dans la nature ou provoquée par l'homme, entre deux plantes aux patrimoines génétiques différents. Les hybrides apparaissent principalement au niveau des espèces et des genres (voir pp. 12-13). Un hybride primaire est issu du croisement entre deux espèces. Les premiers hybrides obtenus en culture étaient tous primaires, comme *Cattleya* Hybrida (voir p. 56). L'association de deux genres donne un hybride bigénérique (comme *Laeliocattleya*, p. 62), tandis que l'association de trois genres ou plus aboutit à un hybride multigénérique, par exemple *Sophrolaeliocattleya*, illustré ci-dessus.

Le terme cultivar est l'équivalent horticole du mot variété en botanique (p. 13). Il est utilisé pour désigner une plante spécifique, unique d'un point de vue génétique, et tous ses descendants obtenus par multiplication végétative et donc identiques à la plante-mère. Le cultivar peut être une sélection de plantes sauvages ou bien constituer la descendance d'un croisement réalisé entre deux plantes cultivées, mais le plus souvent, c'est le résultat d'un croisement intentionnel réalisé par un obtenteur.

De nombreuses orchidées présentées dans ce livre sont des cultivars qui offrent les plus beaux attributs de leur grex.

Les noms de cultivars sont désignés entre guillemets simples, comme *Phalaenopsis* HILO LIP 'Lovely'. Le mot variété est très souvent utilisé pour les hybrides au lieu du terme grex, ce qui, il est vrai, prête à confusion avec la notion de « variété botanique ».

PREMIÈRE PARTIE

Aucun autre groupe dans le monde végétal ne peut rivaliser avec l'incroyable diversité que présente la famille des orchidées (Orchidaceae). La palette des ports et tailles des plantes et celle bien plus vaste encore des teintes, formes et tailles des fleurs ne cessent d'étonner tous ceux qui prennent le temps de se pencher sur ces merveilleuses créations de la nature – les espèces sauvages – et leur descendance due à l'intervention de l'homme – les hybrides.

Angraecum leonis

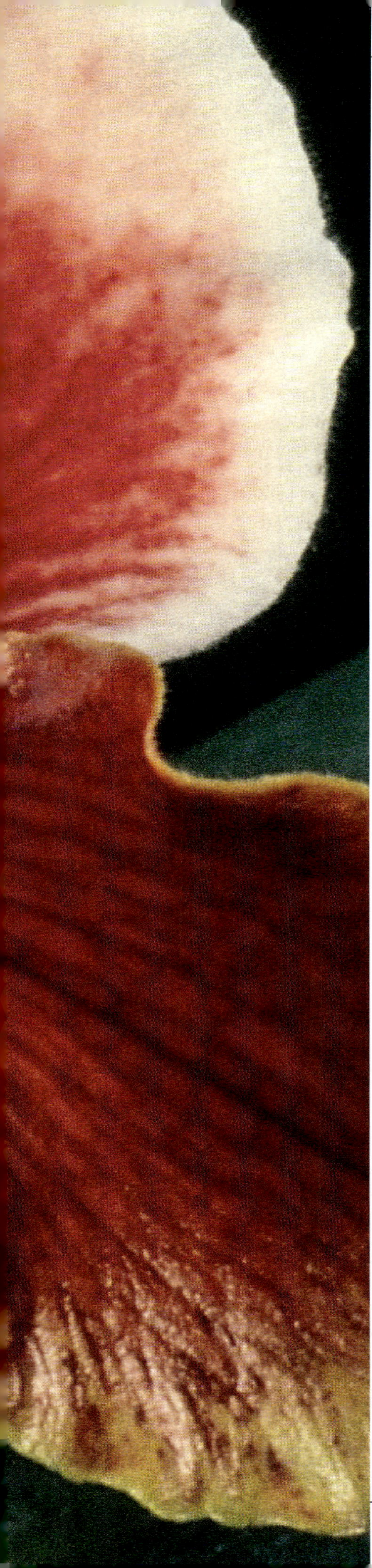

PAPHIOPEDILUM ET GENRES ALLIÉS

Cypripedium parviflorum var. *pubescens* est présent aux États-Unis de l'Alaska à Terre-Neuve et au sud jusqu'en Caroline du Nord.

Les noms des quatre genres qui composent ce groupe sont dérivés du mot grec *pedilon*, qui signifie sandale ou pantoufle, d'où le nom commun de sabot-de-Vénus. Ces plantes sont présentes dans le monde entier : *Phragmipedium* et *Selenipedium* en Amérique tropicale, *Paphiopedilum* en Asie tropicale, *Cypripedium* dans les zones tempérées de tout l'hémisphère Nord. Le genre le plus populaire du groupe est sans conteste *Paphiopedilum*. Les premiers hybrides de *Paphiopedilum* présentaient de grosses fleurs pleines, presque rondes (p. 24), dans des tons de brun ou de vert le plus souvent, ou bien une combinaison des deux couleurs. Le dernier quart du XXe siècle a vu la palette des teintes s'étoffer considérablement, notamment après l'introduction de plusieurs espèces à fleurs jaunes et roses, natives du Sud-Est asiatique et du sud de la Chine (p. 22).

Paphiopedilum BOURNHILL
Enregistré en 1976, cet hybride est à l'origine de nombreux descendants.

PAPHIOPEDILUM ESPÈCES

Les quelque cinquante espèces de *Paphiopedilum* sont présentes des zones boisées de l'Himalaya aux Philippines et au sud jusqu'en Nouvelle-Guinée. Ce sont des plantes très populaires et abondamment cultivées, car capables de s'adapter à toute une gamme de températures. La plupart portent une unique fleur par tige, mais quelques espèces en présentent plusieurs. Dans ce groupe, le synsépale, formé par la fusion des deux pétales latéraux, est placé derrière et sous le labelle. Chez certaines espèces, *Paph. sukhakulii* par exemple, le labelle masque le synsépale.

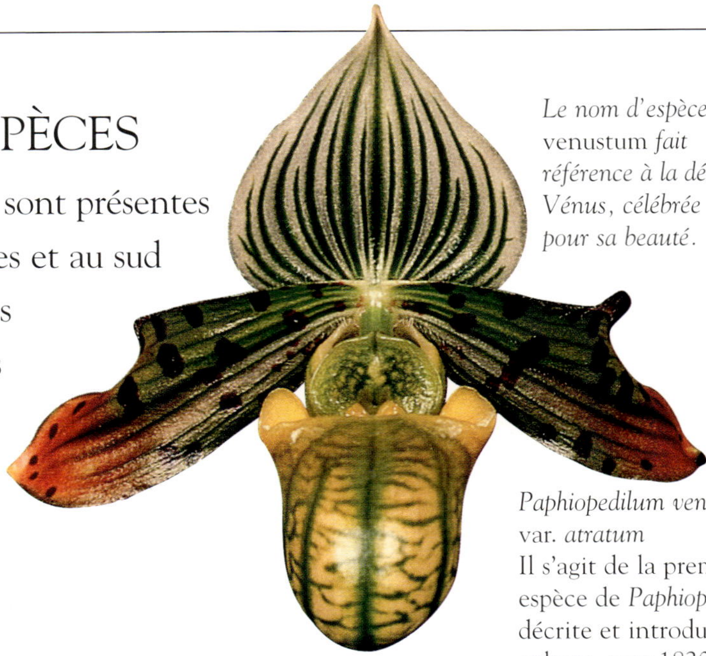

Le nom d'espèce venustum *fait référence à la déesse Vénus, célébrée pour sa beauté.*

Paphiopedilum venustum var. *atratum*
Il s'agit de la première espèce de *Paphiopedilum* décrite et introduite en culture, vers 1820. Depuis, de nombreuses autres ont été découvertes et décrites.

MULTIFLORES

Paphiopedilum philippinense
Cette superbe espèce native des Philippines porte généralement plus d'une fleur par hampe.

Paphiopedilum victoria-regina
Si elle peut porter jusqu'à trente-deux fleurs sur une même tige, cette espèce porte rarement plus de deux fleurs épanouies simultanément.

Paphiopedilum rothschildianum
'FLYING WINGS', HCC/AOS
Découverte en 1887 et ainsi baptisée en l'honneur du baron Ferdinand de Rothschild, cette espèce remarquable est rare dans la nature, connue dans trois stations uniquement, sur le mont Kinabalu, à Bornéo.

Le labelle effilé pointe vers l'extérieur plus que vers le bas, ce qui est pourtant la position la plus courante.

CI-CONTRE

hg *Paphiopedilum fairrieanum* var. *album* 'GRANNY SMITH'

hd *Paphiopedilum ciliolare*

c *Paphiopedilum sukhakulii*

bg *Paphiopedilum villosum* 'GOLD MOON', HCC/AOS

bd *Paphiopedilum insigne* var. *sanderianum* 'GLADIATOR', AM/AOS

PAPHIOPEDILUM ESPÈCES (SUITE)

Les espèces exigeantes en chaleur, natives du Sud-Est asiatique, sont populaires à juste titre, non seulement pour leurs fleurs, mais aussi pour leur beau feuillage marbré. L'introduction des *Paphiopedilum* chinois du groupe Parvisepalum dans les années 1980 n'a fait qu'accroître leur succès et apporter de nouveaux sujets pour les hybridations. Les espèces peu courantes illustrées ici ont été largement utilisées par les obtenteurs (voir quelques exemples pp. 26-27).

Paphiopedilum armeniacum
'SOLAR MAX'
Son nom dit tout : il s'agit du sabot-de-Vénus (*Paphiopedilum*) à fleurs jaune orangé (*armeniacum*). Il pousse à l'état naturel dans le Yunnan, en Chine, et fut décrit pour la première fois en 1982.

Le staminode de teinte sombre peut servir de repère au pollinisateur.

Paphiopedilum malipoense
'BRONSTEIN-WALSH', AM/AOS
Cette espèce originaire de Malipo (sud-ouest de la Chine) a les fleurs les plus vertes parmi les *Paphiopedilum* chinois et est l'une des rares de ce genre à être parfumée.

Le staminode constitue un critère d'identification.

Paphiopedilum delenatii **'JILLIAN', HCC/AOS**
Reproduite en France pendant plusieurs décennies à partir de quelques plantes introduites en 1913-1914, cette espèce a été redécouverte au Vietnam en 1972. Les nouveaux spécimens s'avèrent faciles à cultiver.

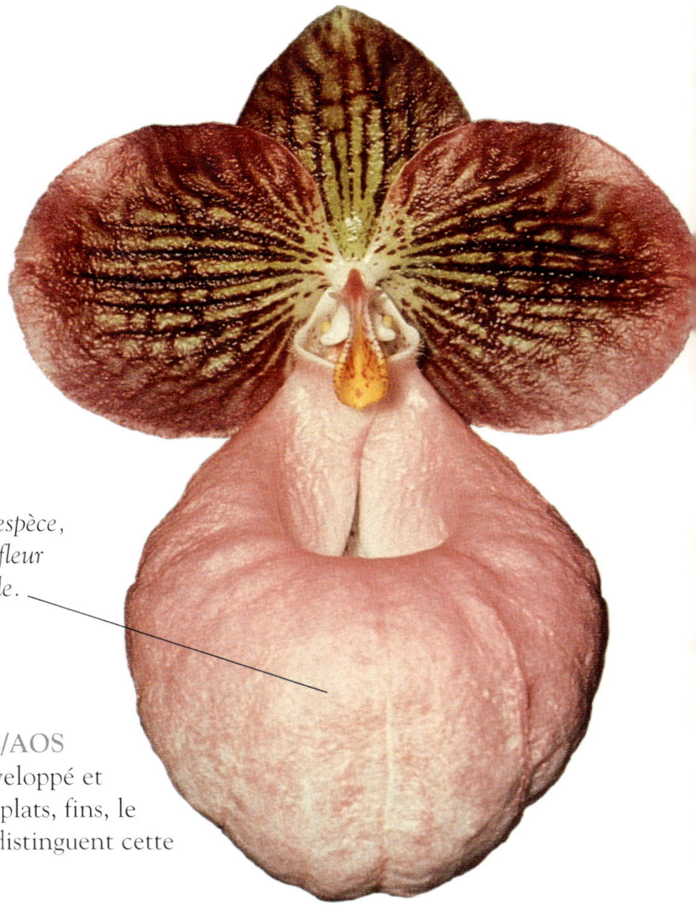

Certains auteurs distinguent quatre variétés dans cette espèce, selon la taille de la fleur et la teinte du labelle.

Paphiopedilum micranthum
'AFTON', FCC/AOS
Le labelle très développé et renflé, les pétales plats, fins, le staminode jaune distinguent cette espèce des autres.

Paphiopedilum bellatulum **'BURMESE BELL', AM/AOS**

PAPHIOPEDILUM HYBRIDES

L'établissement horticole anglais Veitch Royal Nursery fut le premier à produire un *Paphiopedilum* hybride, appelé *Paphiopedilum* Harrisianum, issu du croisement entre *Path. barbatum* et *Path. villosum* (p. 21) en 1869. Depuis, des centaines d'hybrides ont été créés et mis en culture et les hybridations se poursuivent sans relâche. Les hybrides présentés ici illustrent bien les travaux des obtenteurs. L'objectif poursuivi par de nombreux professionnels est l'obtention de fleurs presque rondes, très plates à l'exception du labelle.

Paphiopedilum **SANDRA BAY**
De nombreux *Paphiopedilum* hybrides présentent un fort contraste entre le sépale dorsal (supérieur) et les autres segments de la fleur.

Paphiopedilum **BETTY BRACEY 'MEADOWLARK', HCC/AOS**
Bien qu'enregistré en 1956, ce grex est toujours utilisé pour la création de nouveaux hybrides.

Paphiopedilum **GREEN GOLD**
Bien que sa fleur ne soit pas très ronde, cet hybride datant de 1969 est toujours un parent très prisé dans les croisements.

Les staminodes sont très variables selon les hybrides.

Paphiopedilum **GREEN WINDOW 'STONE', AM/AOS**
Cet hybride relativement récent (1996) qui présente l'association de teintes qui a dominé dans ce groupe par le passé.

Les obtenteurs cherchent à obtenir un sépale dorsal plat, comme celui-ci.

Paphiopedilum **ANJA 'PENNY', HCC/AOS**
Créée en 1982, cette superbe fleur est très utilisée aujourd'hui pour la création de nouveaux hybrides.

Paphiopedilum **IRISH EYE 'HALEY SUZANNE', CCM/AOS**

PAPHIOPEDILUM HYBRIDES (SUITE)

La création d'hybrides de *Paphiopedilum* connaît un nouvel essor depuis les années 1980, avec l'introduction d'espèces chinoises. Leurs teintes vives, leurs labelles très renflés ont ouvert la voie à toute une palette de nouveaux hybrides. Ces espèces croisées avec celles du Sud-Est asiatique, de serre chaude et à feuillage marbré, comme *Paph. callosum* et *Path. bellatulum* (p. 23), ont suscité un regain d'intérêt pour ce genre chez les amateurs d'orchidées.

Paphiopedilum **PETULA 'ELAINE'S BOOBOO', HCC/AOS**
Bien qu'obtenu il y a près de cinquante ans, cet hybride est tout à fait représentatif des nombreux hybrides de serre chaude créés de nos jours.

La forme du labelle rappelle ceux des parents (voir ci-dessous).

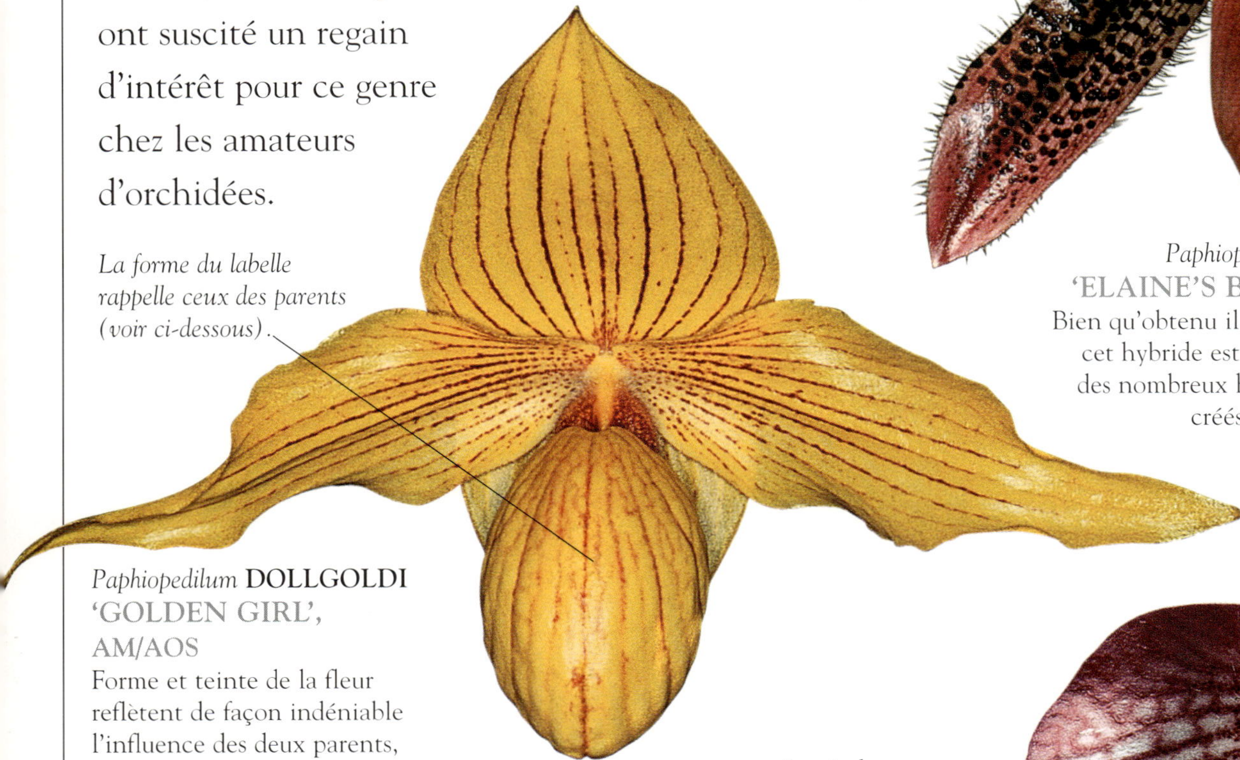

Paphiopedilum **DOLLGOLDI 'GOLDEN GIRL', AM/AOS**
Forme et teinte de la fleur reflètent de façon indéniable l'influence des deux parents, *Path. rothschildianum* (p. 20) et *Path. armeniacum* (p. 22).

Le sépale ressemble à ceux des deux parents de cet hybride.

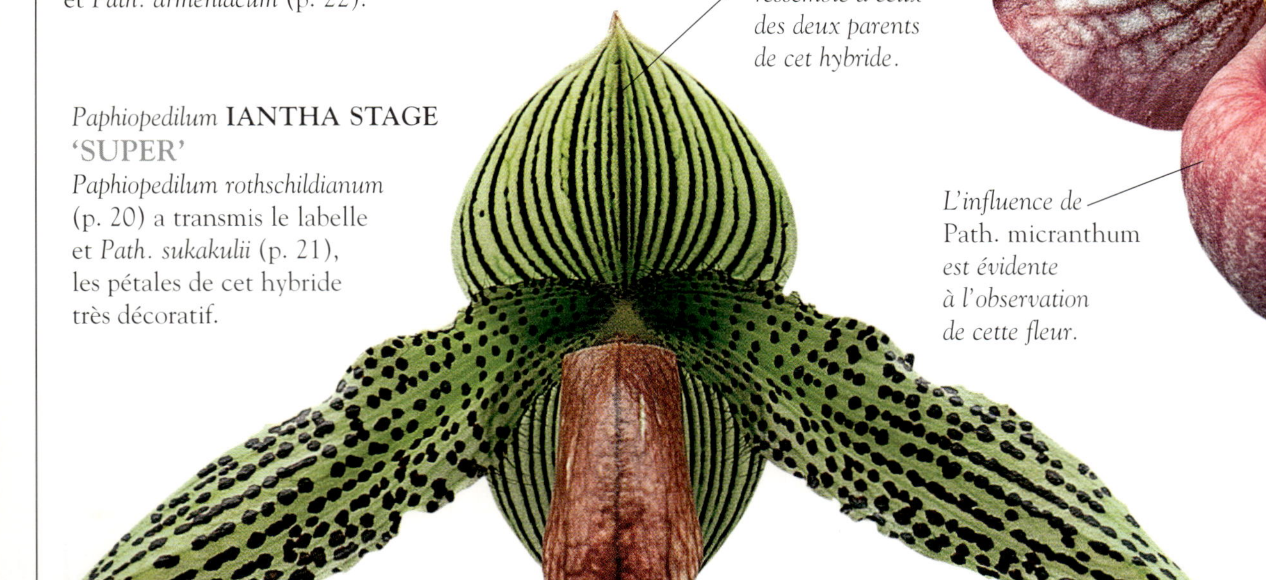

Paphiopedilum **IANTHA STAGE 'SUPER'**
Paphiopedilum rothschildianum (p. 20) a transmis le labelle et *Path. sukakulii* (p. 21), les pétales de cet hybride très décoratif.

L'influence de Path. micranthum *est évidente à l'observation de cette fleur.*

Paphiopedilum **MAGIC LANTERN 'ROSE GLOW'**
Le croisement de *Paph. micranthum* avec *Path. delenatii* (voir les deux parents p. 22) donne cette teinte rouge rosé intense.

Paphiopedilum **GARY ROMAGNA 'WIZARD'S FAVE'**

PHRAGMIPEDIUM ESPÈCES

La plupart des espèces tropicales américaines de sabot-de-Vénus appartiennent à ce genre, décrit pour la première fois en 1896 par Robert A. Rolfe. Si la plupart ne présentent qu'une fleur épanouie sur la tige, celle-ci peut produire des fleurs pendant près d'un an (par exemple *Phragmipedium longifolium*). Curieusement, alors que les fleurs de la grande majorité des plantes fanent avant de tomber, celles des *Phragmipedium* tombent alors qu'elles ne paraissent nullement fanées.

Phragmipedium besseae 'EAT MY DUST'

Phragmipedium besseae
Curieusement, cette espèce très colorée ne fut découverte au Pérou qu'en 1981. Son introduction a permis l'obtention de toute une gamme de nouveaux hybrides aux teintes vives (p. 30).

Phragmipedium besseae var. flavum 'SUNDANCE'

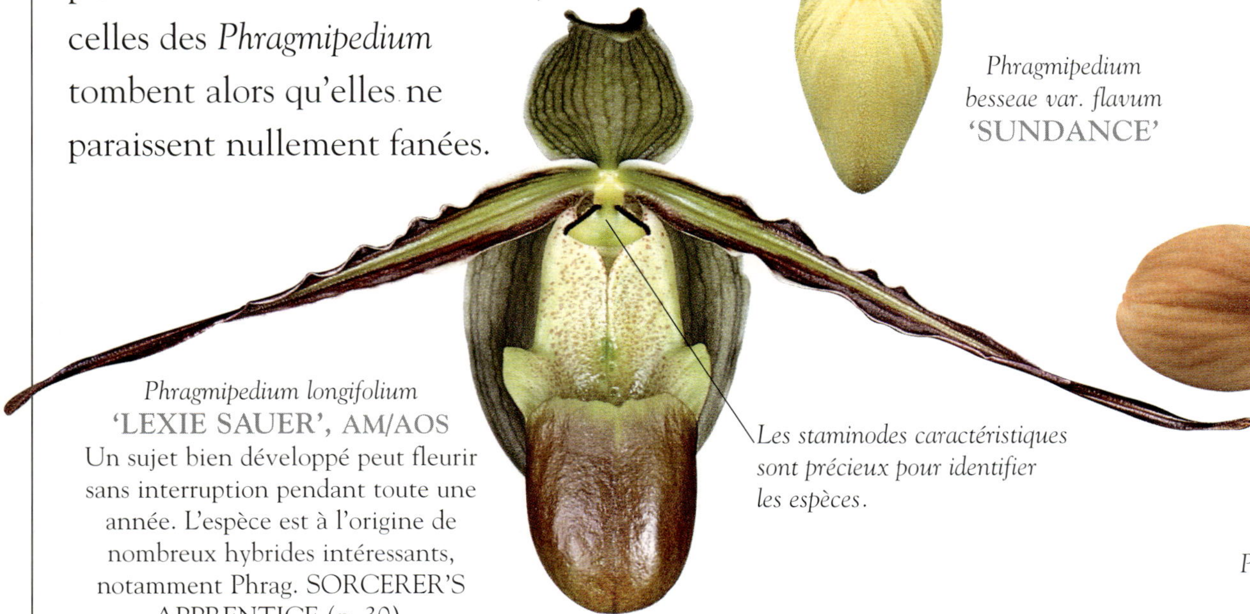

Phragmipedium longifolium 'LEXIE SAUER', AM/AOS
Un sujet bien développé peut fleurir sans interruption pendant toute une année. L'espèce est à l'origine de nombreux hybrides intéressants, notamment Phrag. SORCERER'S APPRENTICE (p. 30).

Les staminodes caractéristiques sont précieux pour identifier les espèces.

La teinte du labelle varie selon les sujets de cette espèce.

Phragmipedium besseae 'APRICOT'

DES PÉTALES QUI SE DISTINGUENT

L'un des caractères les plus intéressants chez les espèces de *Phragmipedium* est la grande variabilité de longueur des pétales. Ils peuvent être courts et larges comme chez le type *Phrag. besseae*, étroits et un peu plus longs pour *Phrag. longifolium*, spiralés et retombants pour *Phrag. pearcei* et *Phrag. caricinum*, enfin extrêmement longs et fins chez *Phrag. wallisii*.

Phragmipedium pearcei

Phragmipedium caricinum

Phragmipedium wallisii 'WHITE RIVER CASCADE', HCC/AOS

Phragmipedium wallisii 'WINTERGREEN'

PHRAGMIPEDIUM HYBRIDES

Récemment encore, les fleurs des *Phragmipedium* ne présentaient que des tons de vert et de brun, parfois avec une légère coloration rosée pour les rares hybrides issus de *Phrag. schlimii*. Puis *Phragmipedium besseae* (p. 28) est apparu, à l'origine d'un groupe très varié d'hybrides. Aujourd'hui, la plupart des hybrides colorés de ce genre sont porteurs de gènes provenant de *Phrag. besseae*.

Phragmipedium **DOM WIMBER 'PENNY', HCC/AOS**
Cet hybride est issu d'un croisement entre *Phrag. besseae* (p. 28) et *Phrag.* ERIC YOUNG lui-même issu de *Phrag. besseae*.

Phragmipedium **ELIZABETH MARCH 'LOVELY'**
La dominance de *Phrag.* SEDENII comme parent est évidente dans la forme de la fleur, mais le changement de teinte provient de *Phrag. besseae*.

Phragmipedium **JASON FISCHER 'PHOENIX RISING', AM/AOS**
La fleur est aux trois quarts marquée par *Phragmipedium besseae*. L'autre parent de cet hybride est *Phrag.* MEM. DICK CLEMENTS (voir ci-dessous à gauche un hybride appartenant à ce grex).

L'INFLUENCE DE PHRAG. BESSEAE

Phragmipedium **MEM. DICK CLEMENTS 'RICH RED', HCC/AOS**
La combinaison de gènes de *Phrag. sargentianum* (l'un des parents de SORCERER'S APPRENTICE) et de *Phrag. besseae* a donné ici des pétales plus courts mais plus larges.

Phragmipedium **CHINA DRAGON 'ELEGANT'**
L'obtenteur a associé un hybride, *Phragmipedium* GRANDE, avec *Phrag. besseae*. Les pétales sont plus courts que ceux du premier parent, mais l'influence de *Phrag. besseae* se traduit par une coloration intense.

Phragmipedium **NOIRMONT 'FIREBIRD'**
Le croisement de *Phragmipedium* MEM. DICK CLEMENTS avec *Phrag. longifolium* (p. 28) donne une fleur aux pétales un peu plus fins et plus retombants que ceux de MEM. DICK CLEMENTS.

Phragmipedium **SORCERER'S APPRENTICE 'LOTHAR', AM/AOS**
Cette combinaison de *Phragmipedium longifolium* (p. 28) et *Phrag. sargentianum* offre des fleurs similaires à celles du premier parent, mais de teinte plus vive.

Phragmipedium **ERIC YOUNG 'ETHEREAL'**

CYPRIPEDIUM

Le genre *Cypripedium* fut décrit pour la première fois en 1753 par Linné lui-même. Durant le siècle qui suivit, toutes les orchidées à labelle renflé furent nommées *Cypripedium*, jusqu'à ce que le genre soit divisé en quatre genres distincts (voir p. 19), en 1886. Les quelque quarante-cinq espèces de *Cypripedium* sont surnommées sabot-de-Vénus. Toutes sont terrestres (c'est-à-dire qu'elles poussent ancrées dans le sol).

Le labelle renflé et soyeux évoque bien le nom de sabot-de-Vénus.

Cypripedium acaule
Présente de la Géorgie jusqu'à l'ouest de la partie septentrionale de la baie d'Hudson vers le nord, cette espèce à fleurs roses pousse dans des habitats très variés, généralement sur sol acide.

D'EST EN OUEST

Cypripedium formosanum
'TRIDENT'S TWINKLE TOES', CCM/AOS
Remarquez la feuille dentée et plissée de cette orchidée native de Taïwan, où elle pousse dans les endroits humides.

Cypripedium californicum
Présente uniquement en Californie et dans l'Oregon, cette espèce remarquable forme des touffes à proximité des cours d'eau de montagne. Elle porte jusqu'à douze fleurs par tige.

DANS LE MONDE ENTIER

Cypripedium macranthum
Cette espèce à grandes fleurs pousse à l'état spontané de la Russie à la Chine et au Japon, généralement sur terrain humide, notamment dans les prairies et les zones boisées.

Cypripedium reginae
Présente du Dakota du Nord à la Nouvelle-Écosse, cette belle espèce forme des colonies en bordure de marécages, dans les prairies et sur les pentes boisées.

Cypripedium fasciculatum (forme verte)
Curieusement, cette espèce native de l'ouest de l'Amérique du Nord est plus proche des membres asiatiques du genre que des espèces nord-américaines.

Cypripedium parviflorum var. pubescens

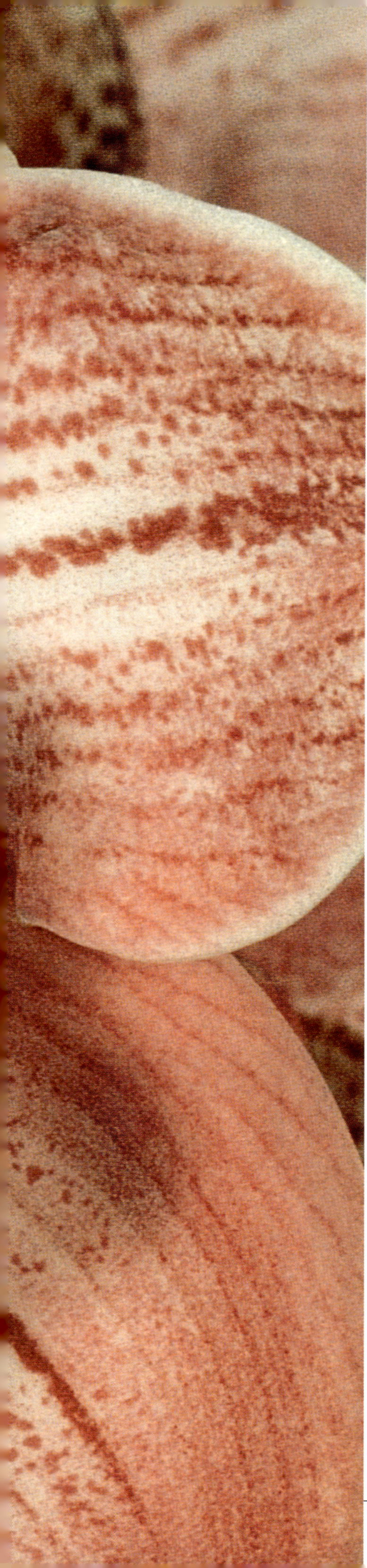

CYMBIDIUM

Cymbidium sinense
Si les fleurs paraissent petites, elles sont groupées en bouquets fournis et dégagent un parfum marqué.

Le genre *Cymbidium* fut décrit pour la première fois en 1799 par Olaf Swartz, qui l'a baptisé à partir du mot grec *kymbos*, « coupe en forme de bateau », par référence à la forme du labelle de certaines fleurs.

Les *Cymbidium* sont appréciés et cultivés depuis des siècles, tout particulièrement dans l'Est asiatique. Vers la fin de la dynastie Yuan en Chine (1279-1368), les *Cymbidium* constituaient le sujet favori des peintres. Les fleurs de *Cymbidium finlaysonianum* servaient de talisman pour protéger certains villages de Malaisie, tandis que les racines étaient utilisées pour soigner les éléphants ! Aujourd'hui, les espèces et hybrides miniatures sont très recherchées en Europe et en Asie, en Chine et au Japon en particulier. Les premiers *Cymbidium* à entrer aux États-Unis furent importés d'Angleterre en Californie en 1910 par Henry E. Huntington pour son jardin de Santa Barbara. Ce sont des plantes très prisées actuellement dans les jardins du sud de la Californie. Cet État est également un grand producteur de *Cymbidium* commercialisés sous forme de fleurs coupées.

Cymbidium JOHN WOODEN
'BRUIN', AM/AOS
Les membres de ce grex sont très florifères et donnent de superbes fleurs coupées.

CYMBIDIUM ESPÈCES

Le genre *Cymbidium* est natif de la partie occidentale de l'océan Pacifique, présent de l'Inde jusqu'au sud de l'Australie. Il en existe, de ce fait, des espèces de serre chaude comme de serre froide. Dans l'hémisphère Nord, les espèces de serre froide fleurissent au printemps ou en hiver. Ces plantes sont soit terrestres (poussant ancrées dans le sol), soit épiphytes (fixées sur d'autres plantes sans être parasites).

Cymbidium lowianum
'CONCOLOR', CBR/AOS
Cette espèce est dédiée à sir Hugh Low, qui collecta des orchidées dans le Sud-Est asiatique et fut le premier européen à gravir le mont Kinabalu à Bornéo, en 1851.

Cymbidium hookerianum
'LOYOLA', HCC/AOS
Originaire du nord de l'Inde et du sud de la Chine, cette plante donne des fleurs de 6 cm de diamètre, qui s'épanouissent en fin de printemps.

Cymbidium lowianum var. lowianum
'COMTE D'HEMPTINNE', CHM/AOS
Plus colorée que le cultivar ci-dessus, 'Concolor', var. *lowianum* présente la fleur caractéristique de cette espèce.

LES MINI-CYMBIDIUMS

Cymbidium lancifolium
Le nom de cette espèce fait référence à ses feuilles en forme de lance. Chaque hampe florale porte jusqu'à six fleurs parfumées de 5 cm de diamètre.

Cymbidium kanran 'MAKINO'
En chinois, *kanran* signifie « qui fleurit en hiver » ou « qui pousse à basses températures », ce qui donne une idée des exigences de l'espèce.

Cymbidium sinense
Cette beauté aux couleurs sombres est originaire de Chine. La hampe florale de 80 cm de long porte des fleurs très durables au parfum capiteux.

Cymbidium erythrostylum
'MAGNIFICUM'
Le nom d'*erythrostylum* se réfère à la structure columnaire rouge au centre. Les fleurs sont groupées en bouquets de 60 cm de long.

Cymbidium canaliculatum (type du Queensland)

CYMBIDIUM HYBRIDES

Les horticulteurs créent depuis plus de cent ans de nouveaux cymbidiums. L'un des premiers hybrides fut *Cymbidium* Eburneo-lowianum, présenté par l'établissement horticole anglais Veitch and Sons en 1889. Il était issu d'un croisement entre *Cymbidium ebruneum* et *Cym. lowianum* (p. 36). Pendant un certain temps, les obtenteurs concentrèrent leurs efforts sur les types de serre froide dans le but de produire des fleurs à segments floraux plus larges, une forme de fleur ronde et pleine. La seconde moitié du XXe siècle a vu augmenter la demande d'hybrides à fleurs plus grandes et plus tolérantes à la chaleur.

Cymbidium **CRACKER JACK 'SANTA BARBARA'**
Ce grex était populaire dans les années 1970 et a reçu plusieurs distinctions de l'American Orchid Society pour la qualité de ces fleurs.

La colonne au-dessus du labelle abrite les organes reproducteurs.

Cymbidium **PHAR LAP 'RUBY GLOW', AM/AOS**
La teinte rose clair soulignée d'un liseré blanc a connu un grand succès auprès des amateurs d'orchidées.

CI-CONTRE

hg *Cymbidium* **AFRICAN SKY 'SAVANNAH', HCC/AOS**

hd *Cymbidium* **VENTANA CREEK 'HIGHLIGHTS'**

cg *Cymbidium* **CHURCH CREEK 'PAINTED LADY'**

cd *Cymbidium* **CASTLE ROCK 'ORANGE MAGIC'**

bg *Cymbidium* **TARPY FLATS 'JAZZ FESTIVAL'**

bd *Cymbidium* **MENDOCINO 'SHAMROCK'**

Cymbidium **ORCHID CONFERENCE 'GREEN CASCADE'**
Ces orchidées aux fleurs teintées de vert se marient facilement avec d'autres couleurs.

Cymbidium **ROCKY POINT 'BROWNIE'**
Le brun, coloris rare dans le monde des fleurs, peut se révéler très élégant dans un bouquet.

Cymbidium **MESCAL RIDGE 'CALIFORNIA'**
Les obtenteurs s'attachent à créer de grandes fleurs pleines pour répondre aux désirs des fleuristes et des jardiniers amateurs.

Cymbidium **ELEANOR RIGBY 'HARMONY', HCC/AOS**
Les bouquets de fleurs retombants sont typiques des hybrides issus de *Cymbidium devonianum*.

ONCIDIUM ET GENRES ALLIÉS

Odontoglossum
LAURA HETT 'SALMA', AM/AOS
Les taches irrégulières sur les fleurs, les segments floraux paraissant tous différents, sont typiques de ce groupe.

La sous-tribu des *Oncidiinae*, de son nom scientifique, constitue un grand groupe très divers natif d'Amérique, qui compte plus de 70 genres et 1 200 espèces d'orchidées présentes à l'état naturel de la Floride au Brésil, incluant des genres de serre chaude et froide. Plus de la moitié des espèces cependant appartiennent aux genres *Oncidium* et *Odontoglossum*. Les formes des fleurs varient des « jupes » déployées jaune vif (labelle très développé) des *Oncidium* (pp. 42-45) aux grandes fleurs évoquant des pensées des *Miltonia* et de leurs hybrides (pp. 46-47), dans des tons vifs de rose, rouge, jaune ou blanc, souvent avec des marques sombres caractéristiques. Les taxonomistes déplacent régulièrement certaines espèces d'un genre à l'autre ! Il arrive donc que l'on rencontre des espèces sous un ou plusieurs noms de genres, même dans les publications respectant la nomenclature officielle, et ces noms peuvent être appelés à changer encore.

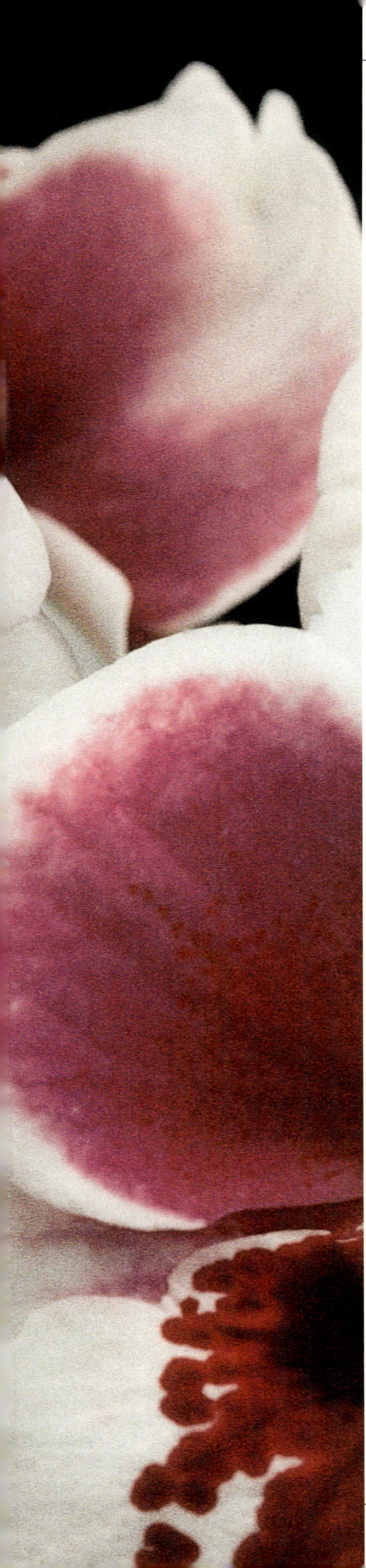

Miltonia
BEALL'S APACHE TEARS 'M'
Le « masque » grenat imprimé sur le labelle est typique de nombreuses fleurs de *Miltonia*.

ONCIDIUM ESPÈCES

Ce genre fut décrit pour la première fois en 1800 par Olaf Swartz. Son nom vient du mot grec *onkos* (tumeur ou renflement), par référence aux excroissances présentes sur le labelle de toutes les espèces du genre. Certaines espèces sont caractérisées par un labelle très développé en « jupe », mais pas toutes. La plupart des *Oncidium* sont des orchidées de serre chaude à tempérée.

Oncidium baueri
La fleur, portée par une inflorescence très ramifiée qui peut atteindre 3 m de hauteur, présente l'association de couleurs typique de nombreuses espèces d'*Oncidium*.

Oncidium leucochilum
Les grands bouquets arqués portent de très nombreuses fleurs durables et colorées. Le nom d'espèce signifie « labelle laiteux ».

Oncidium hintonii
Les fleurs ne dépassent guère 2,5 cm de diamètre, mais la plante porte en général plusieurs inflorescences comptant chacune dix à quinze fleurs.

Oncidium aurisasinorum
Le nom d'espèce fait référence à la teinte jaune ou dorée qui caractérise cette fleur. Cette espèce fait partie d'un groupe de plantes aux feuilles coriaces, raides, dressées, chacune issue d'un petit pseudobulbe à l'aspect tout à fait caractéristique. Les feuilles sont généralement groupées en touffes denses.

Oncidium trilobum
'NANCY K', HCC/AOS
Les deux lobes latéraux du labelle sont à l'origine du nom d'espèce *trilobum*. Dans la réalité, les segments floraux ne sont pas si étroits.

Oncidium sylvestre
'MID MICHIGAN', HCC/AOS
Les fleurs de cette plante native des Antilles montrent de petites excroissances jaunes caractéristiques à la base du labelle.

Oncidium bifolium

ONCIDIUM HYBRIDES

La production d'*Oncidium* hybrides a connu un démarrage assez lent : lors du centième anniversaire de l'hybridation des orchidées en 1956, on ne comptait que 40 hybrides d'*Oncidium*, contre par exemple 1 600 *Cattleya* hybrides ou 4 500 *Paphiopedilum* hybrides à la même date. Le premier *Oncidium* hybride fut officiellement répertorié en 1909, lorsque l'entreprise anglaise Charlesworth and Company produisit *Oncidium* ILLUSTRE, un croisement entre *Onc. leucochilum* (p. 42) et *Onc. maculatum*.

Oncidium **ELFIN STAR** 'PUANANI', AM/AOS
Le labelle très coloré et moucheté de cette fleur évoque, comme de nombreux autres *Oncidium*, une jupe joliment déployée.

Le degré de ponctuation du labelle varie au sein du grex.

Oncidium
GOLDEN SUNSET 'BRILLIANT'
Le labelle largement étalé, très moucheté, constitue l'élément décoratif essentiel de ces fleurs.

La teinte contrastée du labelle ajoute au charme de cet hybride.

Oncidium
SHARRY BABY 'SWEET FRAGRANCE', AM/AOS
Les fleurs au parfum de chocolat et de vanille sont disposées sur des inflorescences dressées et ramifiées.

L'aspect bosselé du labelle à la base est courant chez Oncidium.

Oncidium **CLOUD EARS** 'TALL, DARK & HANDSOME', HCC/AOS
Les taille, forme et teintes de cette fleur permettent de l'identifier sans hésitation à un *Oncidium*. Remarquez les excroissances de la base du labelle à l'origine du nom scientifique de ce genre.

Oncidium **GALVESTONE BAY** 'CHASE', AM/AOS

MILTONIA ESPÈCES ET HYBRIDES

John Lindley (p. 8) a baptisé ce genre en hommage au comte Fitzwilliam, vicomte Milton du Yorkshire en 1837. Le premier grex, Bleuana, issu d'un croisement entre *Miltonia vexillaria* et *Milt. roezlii.*, fut enregistré par le Français Alfred Bleu. *Miltonia* est un genre natif du Brésil, tandis que le genre proche *Miltoniopsis* est présent de l'Équateur au Costa Rica. Tous leurs hybrides enregistrés sous le nom de *Miltonia* sont des orchidées de serre chaude à froide, appréciées pour leurs grandes fleurs colorées évoquant un peu des pensées. Comme les *Oncidium*, ces orchidées peuvent présenter des différences entre segments floraux ou d'une fleur à une autre, notamment au niveau des motifs du labelle.

Les taches sur les segments floraux sont un héritage de Milt. clowesii, *l'un des parents.*

Miltonia **GOODALE MOIR**
'GOLDEN WONDER', HCC/AOS
Dans ce groupe, la forme étoilée des fleurs indique souvent la présence de *Miltonia flavescens* dans le patrimoine génétique.

Les marques de couleur sont visibles au revers des pétales.

Les taches sombres à la base des pétales, appelées masque, sont un caractère très courant chez les Miltonia *hybrides.*

Miltonia **ARTHUR COBLEDICK**
'SNOWFIRE'
Les obtenteurs veillent à ce que la disposition des fleurs sur la tige permette à chaque fleur d'être bien visible. Cette exigence s'applique à tous les genres d'orchidées.

Miltonia **JEAN CARLSON**
'ROSEMOON'
La popularité de ces hybrides est certes due à la grande taille et aux teintes vives des fleurs, mais aussi au masque très décoratif du labelle.

Miltonia **ROUGE**
'AKATSUKA', CCM/AOS
L'amateur qui cultive patiemment un *Miltonia* jusqu'à ce qu'il devienne une plante spécimen sera récompensé par une floraison spectaculaire !

CI-CONTRE

hg *Miltonia spectabilis* var. *moreliana* 'LINDA DAYAN', HCC/AOS

hd *Miltonia spectabilis* var. *moreliana* 'HARFORD'S EBONY STAR', FCC/AOS

c *Miltonia* RAINBOW FALLS 'RASPBERRY'

bg *Miltonia* ROBERT NESS 'HARVEST MOON', AM/AOS

bd *Miltonia* ARTHUR COBBLEDICK 'STRAWBERRIES AND CREAM'

ODONTOGLOSSUM ET BRASSIA

Le genre *Odontoglossum* fut baptisé en 1815 par Humboldt, Bonpland et Knuth, à partir des mots grecs *odonto* (dent) et *glossa* (langue), par allusion aux petites projections en forme de dent du labelle. *Brassia* fut baptisé en 1813 par R. Brown en l'honneur de W. Brass, illustrateur botanique de l'époque. Ces deux genres sont présents dans les zones tropicales et subtropicales d'Amérique.

Les segments étroits évoquent ceux de Brassia.

Odontoglossum praestans
'SAN DAMIANO', HCC/AOS
Cette orchidée péruvienne aux fleurs étoilées évoque plus un *Brassia* qu'un *Odontoglossum*.

*Les rayures jaunes horizontales révèlent l'influence d'*Odm. grande *dans l'origine de cet hybride.*

Odontoglossum
RAWDON JESTER
'HAPPINESS'
Cet hybride manifeste une grande ressemblance avec *Odm. grande* (aujourd'hui *Rossioglossum grande*).

Odontoglossum **MIDNIGHT MIRACLES**
'MICHAEL PALERMO', AM/AOS
La teinte du labelle vient d'*Odm. bictoniense*, celle des sépales et pétales, d'*Odm. cariniferum*.

EFFETS DE TACHES

Odontoglossum crispum
'SUNSET LACE', AM/AOS
De superbes hybrides sont issus de cette espèce colombienne de serre froide. Les taches sont de formes irrégulières.

Odontoglossum **TROILUS**
'SNOW LEOPARD'
Les fleurs qui se chevauchent et les larges macules irrégulières permettent difficilement de distinguer les fleurs individuelles.

Brassia **SPIDER'S GOLD**
'HILO ORCHID FARM', AM/AOS
Les *Brassia* hybrides sont très spectaculaires lors de la floraison : les fleurs individuelles peuvent atteindre 35 cm entre extrémités supérieure et inférieure, et une plante bien développée portant plusieurs hampes florales atteint facilement 1 m de diamètre !

Brassia **CHIEFTAIN** 'BIG LOU', JC/AOS

ONCIDIUM HYBRIDES

Au fil des années, les obtenteurs ont réalisé des croisements entre de nombreux genres de la sous-tribu des *Oncidiinae*, présentés dans les pages précédentes, et ont obtenu une très vaste palette d'hybrides comptant deux ou plusieurs genres différents dans leurs ascendants. Ces hybrides se caractérisent souvent par une floraison durable, très colorée, sur des hampes dressées ou arquées.

Odontocidium **BIG MAC**
Cet hybride possède les fleurs étoilées et les motifs caractéristiques des hybrides primaires *Oncidium* x *Odontoglossum* et illustre bien les deux parents.

Odontioda **MOUNT BINGHAM**
Souvent disposées sur des tiges arquées, les fleurs d'*Odontioda* (*Odontoglossum* x *Cochlioda*) portent les motifs irréguliers souvent représentatifs des hybrides d'*Odontoglossum*.

Colmanara **WILDCAT**
'ALAN J. DAVIDSON', AM/AOS
Ce grex populaire, issu de croisements entre *Miltonia*, *Odontoglossum* et *Oncidium*, a recueilli en 1975 sa première récompense pour la qualité de ses fleurs.

Odontorettia **RONALD CIESINSKI**
'LAGUNA NIGUEL', AM/AOS
La teinte vermillon soutenu et la forme de la fleur indiquent que *Comparettia* est l'un des parents, l'autre étant *Odontoglossum*.

Miltassia **JUNGLE CAT**
'AFRICAN QUEEN', HCC/AOS
La forme et les taches de la fleur signalent la présence de *Brassia* dans la parenté de cet hybride. L'autre genre parent est *Miltonia*.

Odontioda AVRANCHES
'SAL', AM/AOS
Les fleurs blanc pur irrégulièrement maculées de jaune révèlent la présence d'*Odontoglossum crispum* var. *xanthotes* comme parent.

Vuylstekeara **LINDA ISLER** 'MONTCLAIR', HCC/AOS

CATTLEYA ET GENRES ALLIÉS

Encyclia tampensis
'PEGGY', HCC/AOS
Découverte en 1847 par John Torrey près de Tampa en Floride (États-Unis), cette orchidée est toujours populaire, mais se raréfie malheureusement dans la nature.

Durant la première moitié du XXe siècle, les orchidées les plus populaires étaient bien souvent des cattleyas ou appartenaient aux genres qui y sont alliés. Le cattleya fut même proclamé « reine des fleurs ». Les fleurs de ces belles plantes étaient portées à la boutonnière à l'occasion d'innombrables concerts, bals, mariages et cérémonies. Elles étaient représentées également sur des plats, boîtes de bonbons et de cigares ou même bouteilles d'alcool ! Elles sont toujours populaires de nos jours, et les obtenteurs poursuivent leurs travaux pour créer de nouveaux hybrides remarquables. Le patrimoine génétique des hybrides de ce groupe est essentiellement basé sur des espèces de *Cattleya*, *Laelia*, *Sophronitis* et *Rhyncholaelia*, tandis que les genres *Brassavola*, *Broughtonia*, *Encyclia*, *Epidendrum* et *Schomburgkia* y jouent un rôle secondaire. Les Pleurothallidées (pp. 68 à 75) ainsi que les orchidées diverses présentées pages 124 à 127 sont d'autres membres de ce groupe de genres alliés.

Laelia purpurata var. werkhauseri
'KATHLEEN', AM/AOS
Cette espèce est l'une des orchidées brésiliennes les plus belles et les plus appréciées. Elle constitue l'emblème floral de l'État de Santa Catarina, au Brésil (voir aussi p. 14).

CATTLEYA ESPÈCES

William Cattley, horticulteur anglais, a littéralement sauvé les premières plantes connues de ce genre du tas de compost ! Elles avaient en effet été utilisées comme emballage protecteur pour d'autres plantes expédiées d'Amérique du Sud en Angleterre. En 1824, John Lindley baptisa le genre en hommage à Cattley.

Cattleya labiata
'GOLIATH', AM/AOS
Il s'agit d'une sélection de la première espèce de *Cattleya* à avoir fleuri en Europe. *C. labiata* a été très utilisée dans les programmes d'hybridation, et est à l'origine, avec *C. trianaei*, *C. mossiae* et *C. dowiana* (toutes représentées ici), d'un grand nombre d'hybrides actuels de grande valeur.

Cattleya trianaei
'MOOREANA', AM/AOS
Bien soignée, cette espèce, qui ne fleurit normalement qu'en automne, peut fleurir à deux reprises dans l'année.

Cattleya mossiae var. semi-alba
'CANAIMAS NIKI', HCC/AOS
On l'appelle parfois orchidée de Pâques, car sa floraison coïncide souvent avec les fêtes de Pâques.

DES PARENTS QUI ONT FAIT LEURS PREUVES

Cattleya aurantiaca
'MARIO PALMIERI DI POLLINA', AM/AOS
Les bouquets de petites fleurs rouge orangé vif caractérisent cette espèce. Elle est à l'origine de quelques superbes hybrides, parmi lesquels *Cattleya* CHOCOLATE DROP et C. HELENE GARCIA (tous deux p. 56).

Cattleya guttata
Après croisement avec *Cattleya aurantiaca* (à gauche), les plantes obtenues, qui ont fleuri pour la première fois en 1956, ont été baptisées *Cattleya* CHOCOLATE DROP (p. 56). Leurs couleurs inhabituelles ont connu un vif succès.

CI-CONTRE

hg *Cattleya aclandiae*
'JOE ELMORE', HCC/AOS

hd *Cattleya loddigesii*
'BEAVER VALLEY', AM/AOS

c *Cattleya intermedia* var. *orlata*
'CROWNFOX JEWEL', FCC/AOS

bg *Cattleya dowiana*
'MIDAS TOUCH', AM/AOS

bd *Cattleya bicolor*
'DENISE', JC/AOS

CATTLEYA HYBRIDES

John Dominy, de l'établissement horticole Veitch Royal Nursery à Londres, ne se doutait pas qu'il amorçait une nouvelle tendance lorsque son premier hybride de *Cattleya* fleurit en 1859. Il avait croisé *Cattleya guttata* (p. 54) avec *C. loddigesii* (p. 55), et le résultat fut nommé *Cattleya* Hybrida. Depuis, ce sont des centaines de *Cattleya* hybrides qui ont été créés dans le monde entier. En choisissant bien les plantes, il est possible d'avoir toute l'année des *Cattleya* hybrides en fleurs, simplement dans une petite serre ou sur un appui de fenêtre.

Cattleya **IRIS**
La forte influence de *Cattleya bicolor* (p. 55) sur cet hybride est particulièrement évidente pour ce qui est du labelle.

LA DESCENDANCE

Cattleya **CHOCOLATE DROP**
'BITTERSWEET', HCC/AOS
Depuis la première floraison d'un membre de ce grex en 1965, cette plante issue de *C. aurantiaca* et *C. guttata* (voir p. 54) a été utilisée pour la création de nouveaux hybrides.

Cattleya **PORTIATA**
'STREETER'S CHOICE', HCC/AOS
Plus de la moitié des gènes de ce grex sont dus à *C. labiata* (p. 54).

Cattleya **BRABANTIAE**
'TRINITY BAY', HCC/AOS
Les ponctuations viennent de *Cattleya aclandiae*, la forme de la fleur de *C. loddigesii* (voir ces deux espèces p. 55).

Cattleya **HELENE GARCIA**
Les bouquets floraux denses et la teinte pastel, sont pour partie dus à l'un des parents, *Cattleya aurantiaca* (p. 54).

Cattleya **PEARL HARBOR**
'ORCHIDGLADE', AM/AOS
Le superbe *Cattleya* BOW BELLS à fleurs blanches, enregistré en 1945, est l'un des parents de ce grex.

Cattleya **PANACHE AMPHORA** 'WALTARI WINE', HCC/AOS

LAELIA ESPÈCES

Les belles fleurs colorées de ce genre auraient inspiré John Lindley en 1831 lorsqu'il a choisi son nom, honorant soit Laelia, l'une des vestales de Rome, soit les femmes de la famille patricienne romaine des Laelius. Ces orchidées américaines, présentes du Mexique au Brésil, sont des plantes de serre chaude à froide.

Laelia rubescens
'HEART'S DESIRE', CCM/A
L'œil foncé au centre de la fleur facilite son identification. À comparer avec *Laelia rubescens* var. *aurea* (ci-dessous).

Laelia pumila
'KG'S HOT TICKET', HCC/AOS
Un grand nombre de variantes colorées a été attribué à cette petite espèce brésilienne très décorative, qui constitue un parent idéal pour produire des *Laelia* et hybrides intergénériques miniatures.

Laelia tenebrosa
'VERONICA', AM/AOS
Cette orchidée brésilienne de teinte sombre (*tenebrosa* signifie brun foncé) est très appréciée pour son association de couleurs tout à fait unique.

Le labelle sert de plate-forme d'atterrissage aux insectes pollinisateurs.

Les pollinies et les autres organes reproducteurs sont masqués dans la partie tubulée du labelle.

Laelia anceps var. *veitchiana*
Avec ses fleurs groupées à l'extrémité de longues tiges, cette espèce était utilisée au Mexique, dont elle est originaire, pour les décorations florales à l'occasion des fêtes.

Laelia rubescens var. *aurea*
'CROWN FOX', HCC/AOS
Les fleurs jaune citron clair constituent le signe distinctif de cette variété, la plus belle forme colorée de l'espèce.

Laelia crispa
Le nom d'espèce fait allusion au bord ondulé du labelle. Lorsqu'elle est utilisée comme parent, la descendance est plus proche de cette espèce que de l'autre parent.

Laelia harpophylla 'SONOMA', HCC/AOS

BRASSOLAELIOCATTLEYA ET BRASSOCATTLEYA

À la différence de nombreuses autres familles du règne végétal, celle des orchidées produit facilement des hybrides entre deux ou plusieurs genres distincts. Les plus complexes des grex et leurs hybrides, d'origine multigénérique, contiennent des caractéristiques génétiques issues de neuf genres différents. Les hybrides multigénériques illustrés ici sont le résultat de croisements réalisés entre *Brassavola* (comprenant *Rhyncholaelia*, p. 66), *Laelia* (pp. 58-59) et *Cattleya* (pp. 54-55).

Brassolaeliocattleya **NORMAN'S BAY** 'GOTHIC', AM/AOS
Cette grande fleur pleine doit nombre de ses caractéristiques à *Cattleya labiata* (p. 54) et *C. dowiana* (p. 55).

Brassolaeliocattleya **LESTER MCDONALD** 'MEADOW', HCC/AOS
Le bord ondulé, légèrement denté, du labelle très développé marque l'influence de *Rhyncholaelia digbyana* (p. 66), autrefois inclus dans le genre *Brassavola*.

Brassocattleya **BINOSA** 'WABASH VALLEY', AM/AOS
L'influence des deux parents, *Brassavola nodosa* et *Cattleya bicolor* (p. 55), est ici évidente.

Brassocattleya **MOUNT ADAMS**
Cattleya mossiae (p. 54) est l'une des espèces proéminentes dans le patrimoine génétique de cette belle fleur.

Brassolaeliocattleya **GOLDFIELD** 'BRONZE PRINCE'
Sont ici associés les gènes de différentes espèces appartenant à trois genres différents !

Brassolaeliocattleya **CHYONG GUU CHAFFINCH** 'DIXIE'S JOY', HCC/AOS

LAELIOCATTLEYA

Le premier hybride de ce genre, *Laeliocattleya* Exoniensis, fut obtenu par l'établissement horticole anglais Royal Veitch Nursery en 1863. Il s'agissait probablement d'un croisement entre *Cattleya mossiae* (p. 54) et *Laelia crispa* (p. 58). Il existe de nombreuses similitudes génétiques entre les genres *Laelia* et *Cattleya*, aussi n'est-il guère surprenant qu'ils puissent donner des hybrides.

Laeliocattleya
BURNT ORANGE
'FIREFLY'
Les petites fleurs jaune soutenu de cet hybride sont l'indice d'une influence prépondérante de *Cattleya luteola* (*luteola* signifiant jaune).

Laeliocattleya
MEM. ROBERT STRAIT
'BLUE HAWAÏ', JC/AOS
La disposition haute des pétales latéraux est caractéristique des hybrides de *Cattleya walkeriana*.

Les fleurs étoilées comme celle-ci se prêtent particulièrement bien au port à la boutonnière ou sur une robe.

Le labelle est typique des Cattleya hybrides de ce groupe bifolié (pseudobulbe portant une paire de feuilles).

Laeliocattleya
HARVEST MOON
'RED CHOCOLATE'
L'un des parents de ce grex, Dormaniana, est d'origine inconnue, peut-être un descendant de *Cattleya bicolor*. Il compte également dans ses ascendants deux *Laelia* à petites fleurs.

ORANGE ÉGALEMENT

Laeliocattleya **TRICK OR TREAT**
'ORANGE BEAUTY', HCC/AOS
Les bouquets de fleurs jaune orangé, étoilées, correspondent à la réunion de gènes de *Laelia flava*, *Laelia cinnabarina* et *Cattleya aurantiaca* (p. 54).

Laeliocattleya ORANGE SHERBET
'ROBBIE', HCC/AOS
La coloration orangé soutenu des fleurs se retrouve chez l'un des « grands-parents », *Laelia cinnabarina*, dont les fleurs sont de teinte vermillon (cinabre).

CI-CONTRE

hg *Laeliocattleya* **ELIZABETH FULTON**

hd *Laeliocattleya* **ELIZABETH CHANG**
'NISHIDA', HCC/AOS

c *Laeliocattleya* **PIXIE**
'CANARY'

bg *Laeliocattleya* **NIGRESCENT**

bd *Laeliocattleya* **COPPER MARK**
'COPPER SUMMIT', AM/AOS

EPIDENDRUM ET ENCYCLIA

Le genre *Epidendrum*, du grec *epi*, sur, et *dendron*, arbre, ainsi nommé par Linné en 1753 pour le caractère épiphyte de ces plantes qui poussent sur les arbres, compte environ 500 espèces, présentes des plaines côtières de Caroline du Nord jusqu'au Brésil. *Encyclia* fut baptisé en 1828 par W.J. Hooker, qui utilisa le mot grec *enkylein*, qui signifie encercler, pour évoquer le labelle qui entoure la colonne au centre de la fleur ; ce genre rassemble 150 espèces originaires de la Floride au Brésil. La plupart des espèces de ces deux genres demandent à être cultivées à des températures moyennes à chaudes.

Epidendrum **TROPICAL BEES**
'FEUERBACH', AM/AOS
Les tiges, qui peuvent atteindre 1,50 m de long, comptent jusque près de cent fleurs.

Encyclia cordigera
'MAURICE', HCC/AOS
Les amateurs avertis apprécient l'association de teintes inhabituelle de cette fleur, sépales et pétales brun chocolat et labelle rose pourpré, native d'Amérique centrale. Qui plus est, ces fleurs sont très durables.

La colonne est presque entièrement masquée par les lobes du labelle.

*Les sépales et pétales rappellent ceux d'*Encyclia tampensis *(p. 53), tandis que le labelle est hérité de l'autre parent,* Encyclia cordigera *(à gauche).*

Epidendrum **ATROPINE**
'FANTASTIC', HCC/AOS
Enregistré en 1962 comme *Epidendrum*, cet hybride voit aujourd'hui ses deux parents classés dans le genre *Encyclia*.

ESPÈCES À « CANNES-BAMBOUS »

Epidendrum **HOKULEA**
'PALMER ORCHIDS', CCM/AOS
En détail : un autre membre de *E.* HOKULEA 'Firestorm', AM/AOS.

Epidendrum pseudepidendrum
'YASNA', AM/AOS
Cette espèce est native du Costa Rica et de Panamá. L'aspect cireux des fleurs est très particulier.

Epidendrum ilense
'LIL', HCC/AOS
Sur cette espèce équatorienne, de longues tiges arquées arborent de petits bouquets de fleurs.

Encyclia cochleata
'DANCING LADY', HCC/AOS
(aujourd'hui *Prosthechea cochleata*)
Plante originaire de Floride, d'Amérique centrale et des Antilles

Epidendrum (Nanodes) medusae

AUTRES GENRES

La grande diversité des fleurs est l'un des nombreux critères qui ont fait des *Cattleya* et genres alliés un groupe très important de la famille des orchidées, ce qui est particulièrement flagrant chez les hybrides modernes illustrés dans les pages précédentes. Les genres décrits ici montrent quelques autres représentants de ces genres alliés, présents dans la nature, mais aussi deux genres hybrides, *Epilaeliocattleya* et *Diacattleya* (ci-dessous).

Sophronitis coccinea
'MERILEE', AM/AOS
Cette modeste espèce de l'est du Brésil est pourtant un parent très recherché dans les croisements, dans le but d'isoler sa teinte vive.

Broughtonia sanguinea
Native de la Jamaïque et de Cuba, cette orchidée a été utilisée dans les hybridations pour obtenir des plantes à nombreuses petites fleurs très colorées.

L'habitat naturel de l'espèce est limité à une partie du sud-ouest de la Colombie et du nord-ouest de l'Équateur.

Schomburgkia splendida
'ROBERTO', AM/AOS
La fleur illustrée ici est typique de ce genre, qui porte généralement des bouquets de fleurs à l'extrémité de tiges raides, dressées, qui peuvent dépasser 1,50 m de long.

FRANGÉES

Rhyncholaelia digbyana
'DRAGONSTONE', CCM/AOS
Auparavant classée comme *Brassavola*, cette espèce figure dans le patrimoine génétique de centaines d'hybrides, aisément identifiables à leur grand labelle frangé.

HYBRIDES INTERGÉNÉRIQUES

Epilaeliocattleya KENNETH ROBERTS
'BOON', HCC/AOS
Les taille et forme de la fleur sont un héritage d'*Encyclia tampensis* (p. 53), tandis que la teinte du labelle est celle d'*Epilaeliocattleya* CAROLYN CONTORNO.

Diacattleya CHANTILLY LACE
'BUTTONS & BOWS'
Les pétales curieusement mouchetés sont typiques d'une fleur semi-pélorique, dont les pétales latéraux reprennent la teinte du labelle.

Sophronitella violacea 'FOX DEN', CCM/AOS

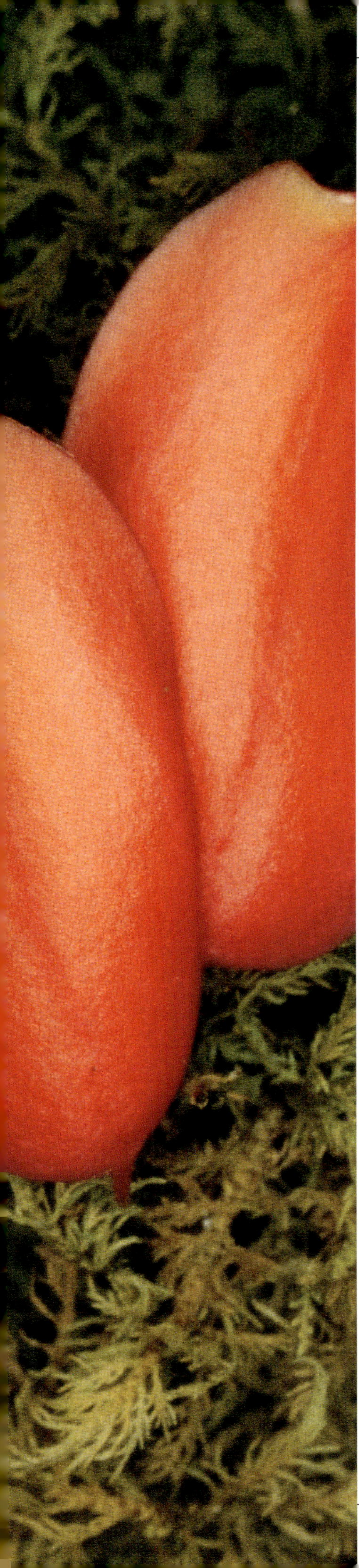

PLEUROTHALLIDÉES

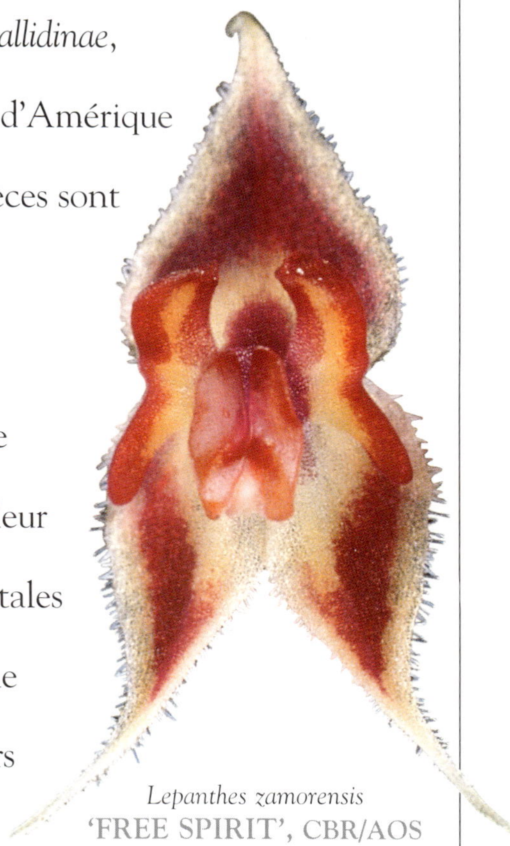

Lepanthes zamorensis 'FREE SPIRIT', CBR/AOS
Il faut habituellement une loupe pour admirer le charme et la beauté de cette fleur minuscule.

Ce groupe, la sous-tribu des *Pleurothallidinae*, compte environ vingt-huit genres d'Amérique tropicale et plus de 3 000 espèces. Les espèces sont surtout des plantes petites à miniatures, aux fleurs généralement très petites. Chez de nombreux genres, les sépales, de grande taille, sont les éléments dominants de la fleur (voir *Masdevallia*, pp. 70-71), labelle et pétales étant très réduits — parfois, ces derniers ne sont que des structures filiformes. Les fleurs des Pleurothallidées sont très variées, ce qui rend pour ainsi dire impossible une description générale des membres du groupe. Nombre des genres de ce groupe sont par ailleurs très proches les uns des autres, notamment par leurs aspects végétatifs, ce qui complique la tâche des taxonomistes pour classer les plantes, même avec les critères floraux. Les Pleurothallidées sont toutes des orchidées épiphytes sympodiales, à cultiver en serre chaude à froide.

Masdevallia deformis 'PERFECTO', HCC/AOS
Le tube formé par les sépales soudés masque les deux minuscules pétales et le très petit labelle.

MASDEVALLIA

Ce genre, décrit pour la première fois en 1794 par Ruiz et Pavon, fut dédié à un botaniste du XVIe siècle, José Masdevall. Remarquez les longs appendices effilés (caudae) à l'extrémité des sépales, qui sont soudés à leur base en tube sépalin. Le tube masque souvent complètement les minuscules pétales et le très petit labelle, donnant l'impression que la fleur n'est formée que de trois sépales. Plantes de serre froide pour la plupart, les *Masdevallia* sont présents dans la nature du Mexique à la Bolivie et au Brésil.

Masdevallia **TANAGER 'TRADER'S POINT', HCC/AOS**
La large ouverture du tube sépalin révèle ici la colonne et les deux petits pétales.

Cette espèce se caractérise par ses sépales latéraux.

Masdevallia **CHARISMA 'KEENO'**
Les rayures contrastées soulignent la beauté très pure de cette fleur aux larges sépales.

Les pétales, labelle et colonne sont dissimulés dans ce tube.

Les caudae des sépales latéraux sont fréquemment entrecroisées.

Masdevallia triangularis **'ALPHA'**
Si l'on excepte les caudae, les parties basales larges des sépales forment un triangle équilatéral presque parfait, d'où le nom de l'espèce.

Masdevallia **FALCON SUNRISE**
La coloration intense de la fleur (héritée d'une forme rouge de *Masdevallia ignea* ou de la fleur rouge orangé de M. *coccinea*) est typique de nombreux *Masdevallia* hybrides modernes.

La longueur des caudae varie, parfois même chez une même fleur.

Masdevallia **PIXIE LEOPARD 'WILLIAMSBURG'S JEF', AM/AOS**
Cette fleur typique de *Masdevallia* arbore des taches irrégulières dignes d'un léopard, d'où son nom de grex.

Masdevallia **PIXIE LAVENDER**

AUTRES PLEUROTHALLIDÉES

Les genres présentés sur ces deux pages illustrent bien la grande diversité des fleurs intéressantes et inhabituelles de ce groupe d'orchidées. Certaines ont des caudae (longs appendices fins, comme chez *Dracula*), alors que d'autres n'en ont pas (*Pleurothallis*). Dans bien des cas, les deux pétales sont réduits à des structures filiformes (*Restrepia*). La structure florale de certaines espèces de *Dracula* évoque des singes miniatures qui vous dévisageraient (comme sur la photo de la page de droite), tandis que le phénomène est plus discret chez d'autres (comme chez *Dracuvallia* BLUE BOY, à droite, une forme proche).

Restrepia sanguinea
'WALTER'
Comme de nombreux membres de ce groupe de genres, les parties les plus visibles et décoratives de la fleur sont ici les sépales. Le nom d'espèce évoque la teinte rouge sang de la fleur.

Dracula sodiroi
Les fleurs des *Dracula* ne s'ouvrent pas toutes autant que celles de la page de droite : cette espèce se distingue par des sépales formant un tube comme chez *Masdevallia*, mais qui ne sont pas soudés.

Les deux parents présentent des appendices (caudae) très développés.

Dracuvallia BLUE BOY N° 2
Les hybrides entre *Dracula* et *Masdevallia* associent souvent les caractéristiques les plus intéressantes des deux genres : des motifs évoquant un visage et une coloration intense.

PLEUROTHALLIS

Pleurothallis hamosa
'D & B', CHM/AOS
La disposition de la hampe florale et des fleurs, reposant sur le limbe de la feuille, est fréquente chez les espèces de ce genre.

Pleurothallis paquishae
'TRADER'S POINT', CBR/AOS
La disposition en croix des pièces florales reposant sur la feuille est une autre caractéristique de nombreuses espèces du genre.

Pleurothallis niveoglobula
Le nom d'espèce évoque la fleur en forme de petit globe (*globus*) blanc (*nive*). La fleur ne dépasse pas 3 mm de diamètre : à peine plus grande qu'unes goutte d'eau !

Pleurothallis dunstervillei
'HOOSIER', CBR/AOS
Toutes les fleurs sont groupées au point d'attache de la feuille à la tige de celle-ci. Nombre d'espèces présentent une floraison de ce type.

Dracula simia 'RACHA', HCC/AOS

AUTRES PLEUROTHALLIDÉES (SUITE)

Le groupe des Pleurothallidées offre une grande diversité de fleurs extraordinaires. Celles-ci sont souvent si petites qu'il faut se munir d'une loupe pour admirer les détails de leur structure, les plantes elles-mêmes n'étant guère plus grandes que leurs fleurs (observez notamment ci-dessous *Platystele minima*). Dans la nature, ces plantes poussent généralement en groupes rassemblant de nombreux sujets de la même espèce. Elles compensent leur petite taille par leur grand nombre ! Ce sont des orchidées de serre chaude à froide, qui bénéficient souvent dans leur habitat naturel d'une forte humidité atmosphérique.

Les fleurs solitaires, au curieux labelle, sont caractéristiques de ce genre.

Barbosella australis (cucullata)
Les fleurs, issues du point d'attache de la feuille sur la tige, sont portées bien au-dessus du limbe.

Platystele minimiflora
Cette orchidée d'Amérique tropicale, centrale et du Sud, est véritablement miniature : le grain de riz en bas à droite donne une bonne idée de l'échelle de la plante.

Trisetella hoeijeri
Le nom de genre fait référence à l'extrémité fine comme une soie des sépales de ces orchidées des zones tropicales d'Amérique centrale et du Sud. La fleur mesure 4 cm de diamètre.

Lepanthopsis floripectin
Les fleurs, disposées sur deux rangs très réguliers de part et d'autre de la tige, semblent former un peigne miniature. Les pièces florales ont une texture très fine, presque translucide.

LEPANTHES

Lepanthes lindleyana
L'aire de répartition de cette plante miniature s'étend du Costa Rica au Venezuela. Si le labelle paraît développé sur la photo, il ne mesure que 1 x 2 mm !

Lepanthes felis
Native de Colombie, cette espèce a des fleurs de 1,5 cm de diamètre, avec deux pétales vert foncé que certains comparent à des yeux, ceux d'un chat peut-être (*felis* en latin).

Lepanthes calodictyon 'EICHENFELS', CHM/AOS
Les petites feuilles (4 cm) figurent parmi les plus décoratives de toutes celles de la famille des orchidées et se marient joliment aux petites fleurs.

Lepanthes medusa 'SHANDOAH'S PIPER', CBR/AOS

DENDROBIUM

De tous les genres de la famille des orchidées, *Dendrobium* est sans doute le plus varié. Son aire de répartition géographique couvre presque toute la moitié occidentale de l'océan Pacifique, de la limite des neiges sur le mont Fuji, au Japon, jusqu'en Nouvelle-Zélande, et des îles du Pacifique occidental jusqu'en Inde. Du fait de cette grande diversité, le genre compte, selon les auteurs et taxonomistes retenus, 900 à 1 400 espèces. La palette va de plantes d'une hauteur de 2,5 cm pour *Dendrobium tixieri* à des plantes robustes aux cannes de près de 2,50 m, comme *Dendrobium superbum*. La longévité des fleurs varie, selon les espèces, d'une seule journée (*Dendrobium crumenatum*) à un épanouissement pouvant aller jusqu'à huit à dix mois pour des fleurs individuelles comme *Dendrobium cuthbertsonii* (voir p. 80), une durée inégalée dans le monde végétal. Très cultivés à Hawaii et en Asie du Sud-Est, les *Dendrobium* constituent depuis de nombreuses années une part importante de la production d'orchidées pour la fleur coupée.

Dendrobium harveyanum
Il est très rare que les pétales d'une fleur d'orchidée soient plus frangés que le bord du labelle.

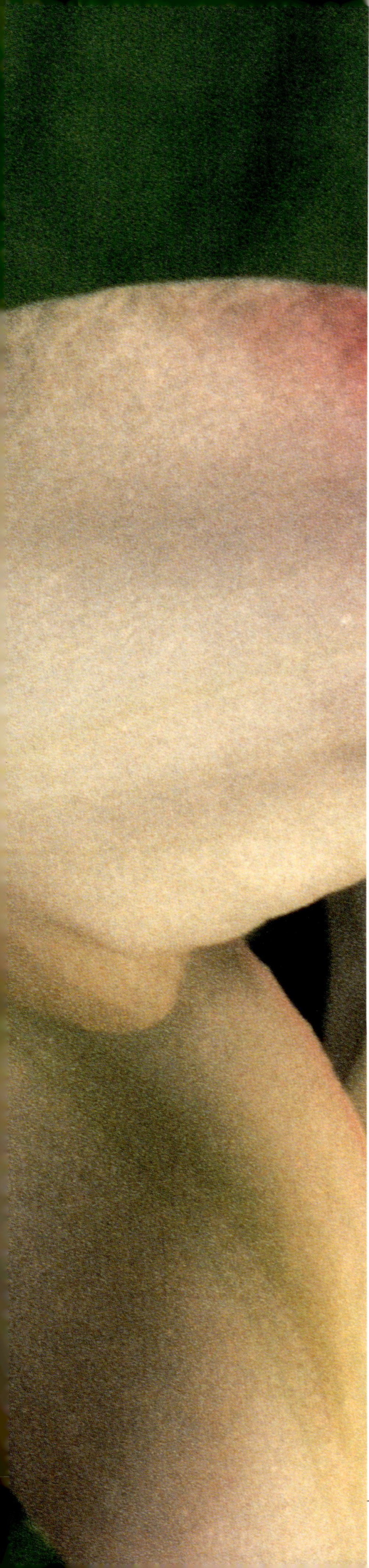

Dendrobium **MOUNT FUJI**
Cette fleur est un exemple représentatif du groupe *Dendrobium nobile* (p. 80).

DENDROBIUM ESPÈCES

Ce genre fut décrit par Olaf Swartz en 1799, et son nom, issu du grec *dendron*, bois, et *bios*, vie, fait référence au mode de vie épiphyte de ces plantes qui poussent ancrées sur les arbres. Ce sont des orchidées de serre froide (*Dendrobium nobile*, p. 80) à chaude (*Dendrobium phalaenopsis* hybrides, p. 82). En culture, de nombreux *Dendrobium* apprécient d'avoir les racines à l'étroit dans de petits pots.

Les fleurs de cette inflorescence commencent tout juste à s'épanouir.

Dendrobium densiflorum
Cette espèce à floraison d'automne ressemble à *Den. thyrsiflorum* par sa floraison, mais les fleurs sont jaune orangé.

Les pièces florales contournées sont la marque caractéristique de cette espèce.

Dendrobium unicum
Unique comme l'indique son nom d'espèce, cette fleur de forme curieuse est native de Thaïlande.

Dendrobium thyrsiflorum
Cette superbe espèce native du Népal porte au printemps de spectaculaires inflorescences pendantes et volumineuses. Malheureusement, les fleurs ne s'épanouissent que durant quelques jours.

Dendrobium cucumerinum
L'aspect très curieux des feuilles de cette espèce australienne illustre bien son nom : elles ressemblent à de petits concombres (*cucumeris* en latin).
La gracieuse fleur inversée constitue un attrait supplémentaire.

Dendrobium speciosum var. *hillii*
'EL QUESO GRANDE', CCM/AOS
Une orchidée australienne très spectaculaire lorsqu'elle pousse ancrée sur un gros rocher en plein soleil. La plante photographiée ici est un superbe spécimen cultivé qui a remporté une distinction (voir p. 150).

Dendrobium chrysotoxum
Les fleurs à texture cireuse de cette orchidée thaïlandaise sont disposées en inflorescences légères et arquées, ce qui permet d'admirer chaque fleur sous son meilleur jour. *Chrysotoxum* (du grec *khrusos*, or) fait référence à la teinte dorée des fleurs.

Dendrobium topazicum

DENDROBIUM ESPÈCES (SUITE)

Ces deux pages ainsi que les précédentes ne donnent qu'un faible aperçu de la diversité des formes des fleurs du genre *Dendrobium* (les taxonomistes ont peu à peu divisé ce genre en quarante et une sections différentes !). De même la palette des teintes des fleurs couvre presque tout le spectre floral, à l'exception du vrai bleu (même s'il existe des tons de lavande bleutée).

Dendrobium tobaense
'JOLLY GREEN ELF', HCC/AOS
Les pétales fortement réfléchis et le curieux appendice du labelle rendent cette orchidée de Sumatra très facile à identifier.

Appendice du labelle

Les fleurs de cette espèce sont parfois vertes, mais toujours avec un liseré brun.

Dendrobium tetragonum
Cette espèce, présente en Australie uniquement, offre non seulement une fleur très originale, mais aussi de curieux pseudobulbes rectangulaires (voir l'un de ses descendants, *Dendrobium* STAR OF GOLD, p. 85).

Dendrobium laevifolium
'MARCELLA', AM/AOS
Originaire des îles autour de Guadalcanal, cette orchidée pousse essentiellement sur la mousse au sol ou sur des branches très moussues. Les fleurs sont parfois même masquées par la mousse.

Dendrobium antennatum var. *d'albertisii*
Le nom de l'espèce fait allusion aux deux pétales dressés, spiralés, évoquant des antennes. Les sépales sont enroulés également, mais pas autant que ceux de *Dendrobium spectabile* (ci-dessous).

Dendrobium nobile
Cette espèce du Sud-Est asiatique est très cultivée et a été utilisée dans les hybridations pour son aptitude à porter deux ou trois fleurs à chaque nœud de la tige. Les plantes de belle taille peuvent porter près de 200 fleurs par tige.

Dendrobium spectabile
Native de Nouvelle-Guinée et des îles voisines, *Dendrobium spectabile* offre un véritable spectacle lorsqu'elle déploie ses fleurs aux formes curieuses. Pour fleurir, une plante cultivée doit être à l'étroit dans son pot.

Dendrobium cuthbertsonii
'BLAZE', AM/AOS
Cultivées avec soin, ces plantes miniatures forment lors de la floraison une véritable boule colorée. Les fleurs existent dans toute une gamme de tons de rouge et d'orange.

Dendrobium smillieae

DENDROBIUM HYBRIDES

C'est en 1855 que l'établissement horticole londonien Veitch Royal Nursery a créé le premier hybride, *Dendrobium* Dominianum, issu d'un croisement entre *Den. linawianum* et *Den. nobile* (p. 80). Même s'ils sont moins nombreux que dans d'autres genres, les hybrides de *Dendrobium* ont connu depuis cent cinquante ans une évolution remarquable. Les obtenteurs s'appliquent aujourd'hui à créer des hybrides convenant pour la fleur coupée, ainsi que des plantes en pot à port compact.

La coloratio du labelle fa écho à celle des pétales et sépales.

Dendrobium **KING DRAGON 'MONTCLAIR', HCC/AOS**
Cet hybride de *Dendrobium phalaenopsis*, caractéristique des formes appréciées pour la fleur coupée, a une tenue de près de trois semaines en vase.

Dendrobium **KURANDA CLASSIC 'QUICK', AM/AOS**
Les fleurs péloriques, dont le labelle est similaire aux pétales et qui sont très plates, connaissent un succès croissant.

Le labelle est presque impossible à distinguer des deux pétales.

Dendrobium **YUKIDARUMA 'KING', AM/AOS**
Sélectionné pour la vente de plantes en pot, cet hybride de 1973 porte jusqu'à trois fleurs à l'aisselle de chaque feuille (point d'attache de la feuille sur la tige).

Le labelle présente généralement un motif de teinte contrastée.

Voir page 76 un autre hybride de Dendrobium nobile

Dendrobium **MALONES 'HOPE'**
Les hybrides de *Dendrobium nobile*, dont la tige est entièrement couverte de fleurs, existent dans de nombreux coloris différents.

Dendrobium **PALE DOREEN 'GUO LUEN', HCC/AOS**
Le contraste marqué entre les sépales clairs et les pétales et le labelle foncés accentue le charme de cet hybride de *Dendrobium phalaenopsis*.

Dendrobium **ROY YAHIRO 'ORCHID ACRES STEPHANIE', HCC/AOS**

DENDROBIUM HYBRIDES (SUITE)

Au sein de ce genre, la diversité augmente avec toute la palette des hybrides. Et même si l'on tient compte de tous ceux disponibles aujourd'hui, le potentiel de production de nouveaux hybrides paraît encore gigantesque, en particulier dans le domaine des plantes compactes pour la culture en pot. Qui plus est, les plantes issues de semis de *Dendrobium* fleurissent souvent plus rapidement que celles de nombreux autres genres populaires, aussi le rythme des hybridations peut-il être plus rapide.

Dendrobium **KIRSCH 'LADY HAMILTON'**
Cet hybride de *Dendrobium phalaenopsis* datant de 1953 est à l'origine de nombreux autres hybrides.

Obtenteurs et producteurs préfèrent les fleurs disposées régulièrement sur la tige, appréciées des jurys de concours comme des amateurs.

Dendrobium **DOCTOR POYCK 'RYAN'S GRAND SLAM', AM/AOS**
Les fleurs pleines, régulièrement disposées sur la tige et très colorées, ont valu à cet hybride un Award of Merit (voir p. 150).

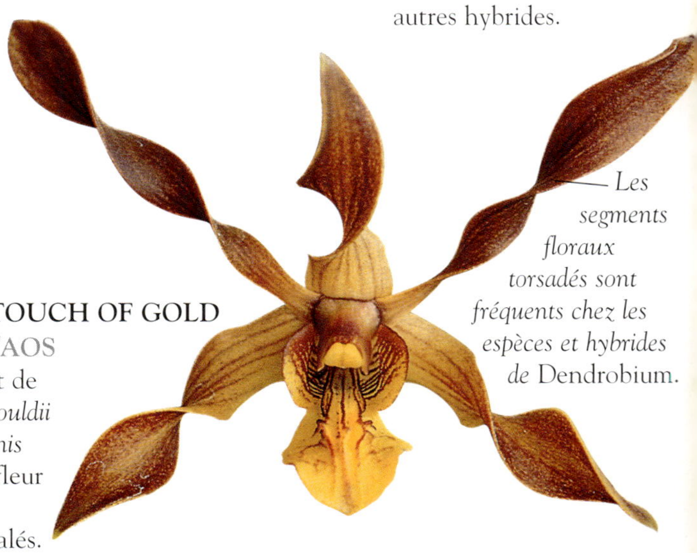

Les segments floraux torsadés sont fréquents chez les espèces et hybrides de Dendrobium.

Dendrobium **TOUCH OF GOLD 'T.J.', HCC/AOS**
Le croisement de *Dendrobium gouldii* et *Den. johannis* a donné une fleur étoilée aux segments spiralés.

Dendrobium **CRYSTAL PINK 'RHON-RON', HCC/AOS**
Cet hybride récent (1996) fait une superbe plante en pot aux fleurs en cascade tout au long de la tige, qui s'épanouissent simultanément.

Dendrobium **JESMOND TREASURE 'SPIDER'**
La forme de la fleur, ses teintes, l'aspect du labelle ne laissent aucun doute quant à l'influence de *Dendrobium tetragonum* (p. 80).

Dendrobium **HALEAHI STRIPES 'CHI', JC/AOS**
L'American Orchid Society a apprécié l'aspect joliment et uniformément rayé des fleurs, leur décernant une distinction particulière (voir p. 150).

Dendrobium **SUMMER SUNRISE**
Chez cet hybride compact de *Dendrobium bullenianum* et *Den. lawesii*, les fleurs apparaissent à l'extrémité des jeunes pousses comme des anciennes.

Dendrobium **STAR OF GOLD**

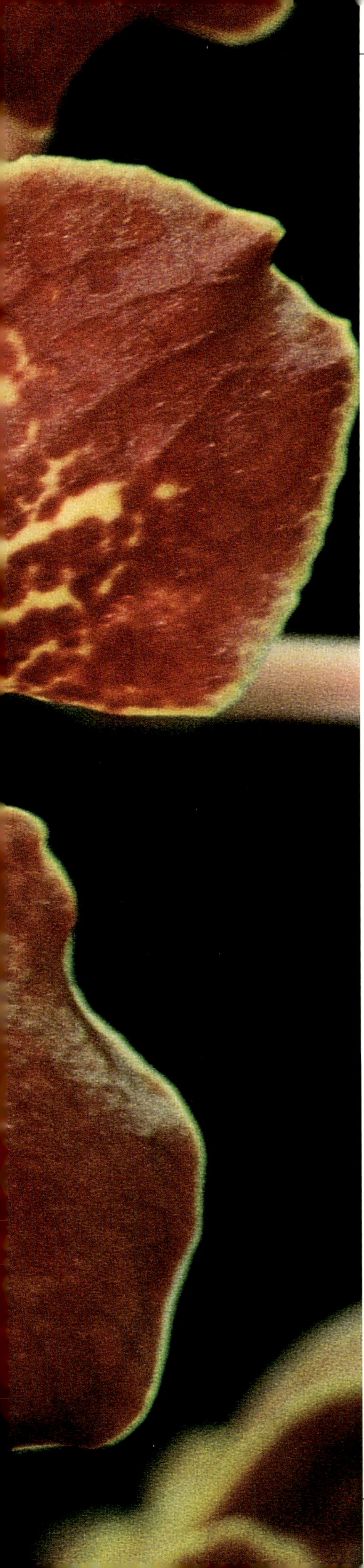

VANDA ET GENRES ALLIÉS

Ascocenda
CROWFOX MAGIC LANTERN
Cette fleur ronde, régulière, colorée est typique des plus beaux hybrides modernes.

Ce groupe d'orchidées rassemble plus de 100 genres et 2 000 espèces, surtout présentes à l'état spontané en Asie du Sud-Est, en Afrique tropicale et à Madagascar. Leur croissance monopodiale (en éventail et sur une tige unique) et l'absence de pseudobulbes renflés à la base de la plante, comme chez de nombreuses autres orchidées, sont des caractéristiques assez générales de ce groupe, qui offre par ailleurs une grande diversité concernant tant la taille des plantes et des fleurs que le nombre de fleurs par inflorescence. Depuis la Seconde Guerre mondiale, la popularité de ce groupe d'orchidées n'a cessé de croître, surtout dans les régions tropicales et subtropicales – en Floride par exemple – et les obtenteurs ont réalisé récemment de nombreux nouveaux croisements multigénériques (pp. 96-97). La plupart de ces orchidées sont des plantes de serre chaude et peuvent être cultivées en panier de lattes de bois dans très peu de mélange, voire pas du tout.

Ascocenda MOTES HOT CHESTNUT
'TONY BETANCOURT', HCC/AOS
Les couleurs et motifs de cette fleur aux segments écartés montrent l'héritage de *Vanda merrillii*, l'un des parents.

VANDA ESPÈCES

Sir William Jones fut le premier à identifier *Vanda* en tant que genre, par la description de *Vanda roxburghii* en 1795. Il adopta le terme sanskrit *vanda*, utilisé par la population locale pour décrire certaines plantes parasites (on croyait autrefois que les plantes épiphytes comme les *Vanda* étaient des parasites des plantes sur lesquelles elles se développent). Ce genre est présent dans les zones tropicales d'Asie, des Philippines jusqu'à l'est de l'Inde. Ces plantes sont appréciées dans le monde entier comme plantes de serre ou d'orangerie.

Vanda coerulescens
Le nom de cette espèce native de Thaïlande et de Birmanie fait allusion à la teinte bleutée des fleurs.

Vanda tricolor
'VIVA BOTANICA', HCC/AOS
Cette espèce, essentiellement présente à Java et à Bali, est une plante robuste qui peut fleurir jusqu'à trois fois par an. Très utilisée en hybridation, elle transmet à sa descendance ses fleurs colorées et étoilées (voir les deux sélections de *Vanda* FIRST AND LAST, pp. 90-91).

JAUNE AUSSI

Vanda denisoniana
Une espèce baptisée en l'honneur de lady Denison Londesbrough, passionnée d'orchidées au XIXe siècle. Ses fleurs jaune clair sont toujours très appréciées par les amateurs.

LA FAMILLE ROTHSCHILD

Vanda (Euanthe) sanderiana
'CHRIS', FCC/AOS
Cette magnifique orchidée originaire des Philippines est probablement l'espèce la plus utilisée comme parent dans l'hybridation des Vanda.

Vanda **ROTHSCHILDIANA**
Cet hybride issu du croisement entre *Vanda (Euanthe) sanderiana* et *Vanda coerulea* a également été très utilisé comme parent depuis 1931, pour obtenir des fleurs plates, pleines, rondes.

Vanda coerulea
'EVELYN', FCC/AOS
Présente dans la nature de l'Inde jusqu'en Thaïlande, *Vanda coerulea*, une fleur plate, a été très utilisée dans la quête d'un « vrai » bleu.

Vanda tricolor 'SUMMERLAND', HCC/AOS

VANDA HYBRIDES

Le premier *Vanda* hybride, officiellement enregistré en 1893, était le fruit d'un croisement entre deux espèces à feuilles cylindriques, *V. hookeriana* et *V. teres*. Il fut nommé *Vanda* MISS JOAQUIM en l'honneur de la propriétaire du jardin où cet hybride fut découvert. Cinquante ans plus tard, cette fleur fut la plus utilisée pour la réalisation des *leis*, les guirlandes de fleurs hawaïennes. Les obtenteurs orientent leurs recherches vers des fleurs plates, rondes, dans une large gamme de couleurs.

Vanda **MOTES BUTTERCUP**
'DENISE', AM/AOS
La teinte de la fleur et la forme du labelle montrent que l'un des parents de cet hybride est *Vanda denisoniana* (p. 88), mais la fleur est beaucoup plus pleine.

Vanda **CROWFOX PINK GLOW**
'MARIE DAGUIA', AM/AOS
L'héritage de *Vanda* (*Euanthe*) *sanderiana* (p. 88) est évident pour ce qui est de la forme de la fleur et de sa coloration.

Vanda **FIRST AND LAST**
'GLADYS BERRIOS', AM/AOS
La fleur étoilée est typique de la descendance de *Vanda tricolor* (p. 88)

Vanda **ROSE DAVIS**
'CROWNFOX SNOW', JC/AOS
Le croisement de *Vanda* ROTHSCHILDIANA avec *Vanda coerulea* (voir p. 88 pour les deux parents) a donné cette délicieuse fleur d'un blanc pur.

COLORÉES ET AÉRIENNES

Vanda **BILL BURKE**
'REDLAND FESTIVAL', CCM/AOS
La couleur des sépales et des pétales est héritée de *Vanda denisoniana* (p. 88) tandis que le labelle vient de *Vanda cristata*.

Vanda **STAR ELITE**
'MEMORIA VERN ANDERSON', AM/AOS
Cette fleur a hérité son labelle de *V. cristata* et la teinte pâle des autres segments de *V. coerulescens* (p. 88).

PLEINES ET RONDES

Vanda **GORDON DILLON**
'MEMORIA KHOI TRUONG', AM/AOS
Des fleurs pleines, rondes, dans toute une gamme de teintes, sont les caractéristiques de ce grex. Certaines formes ont des fleurs presque bleues.

Vanda **FIRST AND LAST** 'HACKNEAU'S FIRST TEN', HCC/AOS

AUTRES GENRES PROCHES DE VANDA

Cette section compte de nombreux autres genres intéressants et colorés. Ce sont des orchidées originaires du Sud-Est asiatique, monopodiales et épiphytes, des plantes de serre chaude. Elles portent souvent de nombreuses fleurs groupées en inflorescences qui peuvent atteindre 1 m de long. Des genres ont été hybridés avec *Vanda* et ont donné quelques remarquables hybrides multigénériques (pp. 94-95).

Renanthera storiei
Les gigantesques inflorescences de part et d'autre de la tige font de cette plante un incroyable bouquet de fleurs.

Renanthera imschootiana
Les larges appendices foliacés appartiennent aux sépales latéraux.

Aerides flabellatum
Ces plantes sont remarquablement décoratives lorsqu'elles sont fleuries, présentant souvent de nombreuses inflorescences arquées, épanouies simultanément.

Rhynchostylis retusa
Les longues inflorescences pendantes, très denses de cette espèce native d'Asie tropicale ont inspiré son surnom d'orchidée queue-de-renard.

Renanthera monachica
Les fleurs individuelles très durables (parmi les plus petites du genre) de cette orchidée des Philippines sont disposées en une inflorescence peu dense.

Ascocentrum miniatum
La variante jaune de cette espèce miniature très populaire, native du Sud-Est asiatique, a été très utilisée pour créer des *Ascocenda* hybrides (pp. 94-95).

Ascocentrum miniatum
Comme la variante jaune illustrée ci-contre, les formes à fleurs orangées de cette espèce ont été très utilisées pour les hybridations, comme chez *Ascocenda* (pp. 94-95).

Ascocentrum ampullaceum 'AIDA CRUZ', CCM/AOS

ASCOCENDA

C'est C.P. Sideris qui fut à l'origine en 1949 du premier *Ascocenda* PORTIA DOOLITTLE. C'est cependant une deuxième création, *Ascocenda* MEDA ARNOLD, enregistrée en 1950, qui amorça un mouvement qui devait aboutir à la création de nombreux hybrides très colorés. Depuis son introduction, MEDA ARNOLD a accumulé plus de soixante récompenses et engendré une nombreuse descendance. Le mariage réussi d'*Ascocentrum* et de *Vanda* a constitué une avancée intéressante dans le monde des orchidées.

Ascocenda **THAI FRIENDSHIP 'MARY MOTES', AM/AOS**
Les fleurs aux teintes soutenues et au léger motif en damier sont très populaires mais plus rares que leurs cousines mouchetées.

Ascocenda **PAKI LONG 'REDLAND SUNSPOTS', HCC/AOS**
Même si cette fleur a reçu la distinction HCC (voir p. 150) pour la qualité de sa fleur, elle aurait mérité un Award of Merit (AM) si les segments avaient été plus larges et presque chevauchants.

*Le labelle est le plus petit élément de la fleur d'*Ascocenda*, mais il ne passe pas inaperçu pour autant.*

Ascocenda **SUKSAMRAN SPOTS 'SUNI', AM/AOS**
Un bel exemple des fleurs colorées, pleines et rondes que sélectionnent les obtenteurs.

Le labelle doré contraste joliment avec les segments floraux rouge violacé.

Ascocenda **YIP SUM WAH 'TOMATO', AM/AOS**
Cette superbe fleur ronde cramoisi foncé représente bien ce grex qui a reçu de très nombreuses récompenses et est très populaire dans les hybridations.

Ascocenda **NATALIE MAJEWSKI 'NORMA', AM/AOS**
La teinte jaune clair avec différents degrés de ponctuations rougeâtres caractérise de nombreux hybrides actuels d'*Ascocenda*.

Ascocenda **CROWNFOX GOLDEN DAWN 'MIRAMAR', AM/AOS**

VANDA ET GENRES ALLIÉS

HYBRIDES MULTIGÉNÉRIQUES

De nombreux hybrides multigénériques ont été créés dans ce groupe d'orchidées, et ces genres hybrides sont eux-mêmes à l'origine d'une vaste palette de grex et de cultivars. Lorsque le nom de genre se termine en *-ara*, comme dans *Christieara* ou *Mokara*, l'hybride a été constitué à partir de trois genres distincts au moins.

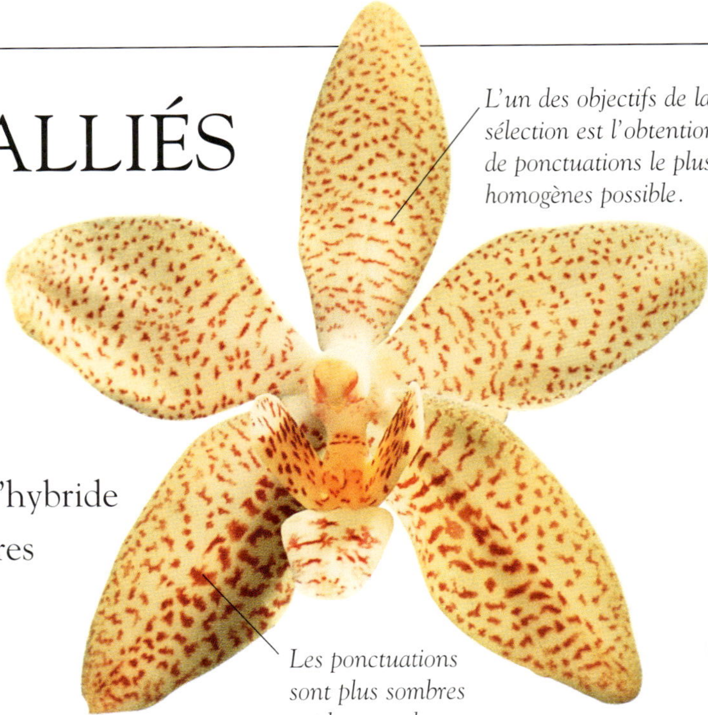

Renanthopsis **MILDRED JAMESON**
Cet hybride bigénérique a été obtenu par croisement d'un *Renanthera* avec un *Phalaenopsis* (un genre figurant parmi les alliés de *Vanda*, mais généralement considéré comme un groupe distinct d'un point de vue horticole).

Mokara **REDLAND SUNSET**
'ROBERT', AM/AOS
Il s'agit de l'union des genres *Arachnis*, *Ascocentrum* et *Vanda*.

Christieara **MICHAEL TIBBS**
'REDLAND', FCC/AOS
Cette fleur pleine et ronde, est le résultat de l'association de gènes d'*Aerides*, d'*Ascocentrum* et de *Vanda*.

VASCOSTYLIS

Vascostylis **PRECIOUS**
'GRETA VON KRONE', HCC/AOS
L'épi dressé de fleurs est caractéristique de ce genre trigénérique.

Vascostylis **CYNTHIA ALONSO**
'REDLAND', HCC/AOS
La réunion d'*Ascocentrum*, de *Rhynchostylis* et de *Vanda* a donné ce grex dont les fleurs rappellent celles d'*Ascocentrum*.

Vascostylis **BONBON**
'FUCHS INDIGO', AM/AOS
Ce grex a donné naissance à des cultivars très proches du bleu clair, une teinte rare chez les orchidées.

CI-CONTRE

hg *Christieara* **FUCHS CONFETTI** 'ROBERT', HCC/AOS
hc *Perreiraara* **CROWNFOX AGATE** 'BUTTER BABY', AM/AOS
hd *Kagawara* **CHRISTIE LOWE** 'REDLAND', HCC/AOS
cg *Christieara* **RENEE GERBER** 'FUCHS SPOTTY', AM/AOS
c *Mokara* **MICHAEL CORONADO** 'FUCHS SPOTS', AM/AOS
cd *Vascostylis* **CROWNFOX MAGIC**
bg *Aeridovanda* **FUCHS JEWELL** 'ROBERT', AM/AOS
bc *Aeridovanda* **ARNOLD SANCHEZ** 'BUTTERBALL', HCC/AOS
bd *Aeridovanda* **BARNEY GARRISON** 'AILEEN', AM/AOS

PHALAENOPSIS ET GENRES ALLIÉS

Doritaenopsis
SOGO MARIA
'ORIENTAL STRIPES', HCC/AOS
Les pétales chevauchants et la régularité des stries pourpre rougeâtre font de cet hybride une réussite.

Les genres traités ici (*Phalaenopsis* et *Doritis*, ainsi que *Doritaenopsis*, le genre hybride obtenu par croisement de deux précédents) figurent actuellement parmi les plus prisées de toutes les plantes fleuries cultivées en pot. Le genre *Phalaenopsis* compte environ cinquante espèces d'orchidées tropicales monopodiales originaires de Taiwan à l'Australie et des Philippines aux îles de l'océan Indien. Leurs fleurs sont généralement très durables ; une hampe de *Phalaenopsis amabilis* peut porter pendant plusieurs mois des fleurs épanouies. De nombreuses espèces, par exemple *Phalaenopsis schilleriana*, ont un feuillage joliment marbré qui leur confère un intérêt décoratif, même lorsqu'elles ne sont pas en période de floraison.

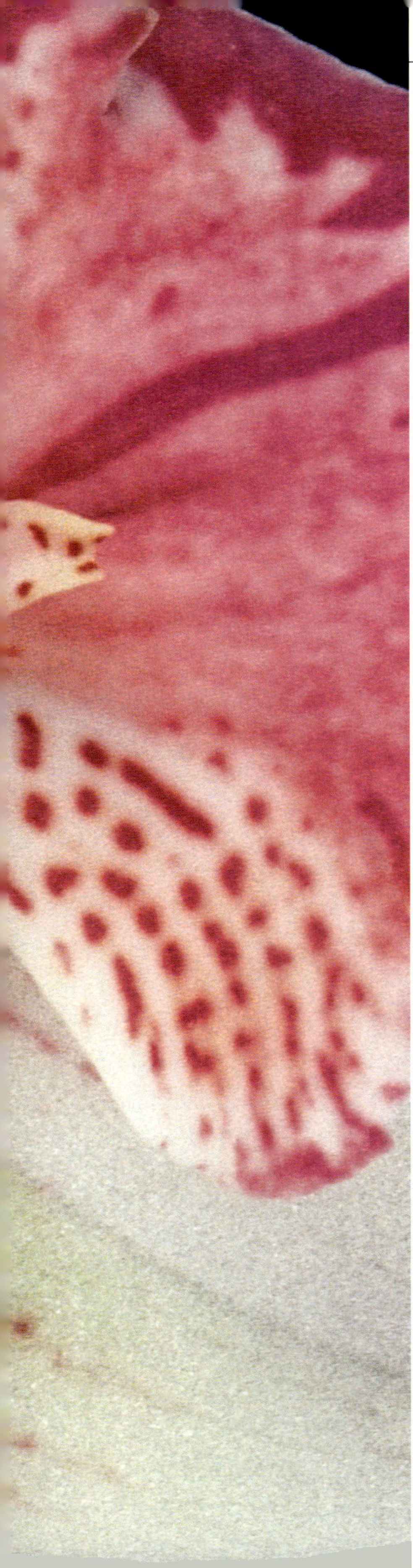

Phalaenopsis SPLISH SPLASH
'PELORIC N° 3', HCC/AOS
Les orchidées de ce type, à labelle triple, connaissent une popularité croissante.

PHALAENOPSIS ESPÈCES

En 1825, Karl Blume combina le mot grec *phalaina*, papillon, et le suffixe *opsis* indiquant la similitude, pour baptiser ce genre. Il est facile de comprendre le choix de ce nom quand on contemple *Phalaenopsis amabilis* (ci-dessous) : les délicates fleurs blanches munies d'« antennes » à l'extrémité du labelle, élégamment disposées sur des tiges arquées et bougeant au moindre souffle d'air, évoquent un vol de papillons à la tombée du jour.

Phalaenopsis leuddemanniana
Cette espèce endémique des Philippines, qui existe sous forme de différentes variantes colorées, a été très utilisée pour l'obtention de nouveaux hybrides.

Phalaenopsis amabilis
'PAMELA'S PERFECTION', AM/AOS
Présente à l'état naturel des Philippines à l'Australie, cette espèce est le principal parent des hybrides à fleurs blanches.

Phalaenopsis stuartiana
'PETER', HCC/AOS
Son feuillage joliment marbré et ses grandes inflorescences ramifiées portant jusqu'à cent fleurs justifient pleinement la popularité de cette espèce.

Phalaenopsis parishii
Une charmante espèce miniature dont quelques fleurs seulement sont épanouies simultanément. Elle transmet à sa descendance (voir *Phalaenopsis* MINI MARK, p. 106) les caractéristiques de son curieux labelle.

Phalaenopsis schilleriana
'AVI', CCM/AOS
Cette remarquable espèce à fleurs roses est depuis longtemps utilisée pour la création d'hybrides roses. Les feuilles tachetées constituent un attrait supplémentaire.

Phalaenopsis lindenii
Si la plante comme les fleurs sont petites, ces dernières sont nombreuses. Elles s'ouvrent les unes après les autres, donnant une floraison qui s'étend sur une longue période.

Le rose est depuis longtemps une couleur très populaire chez les Phalaenopsis.

Chez Phalaenopsis, *la colonne est souvent de la même teinte que les segments floraux.*

Phalaenopsis schilleriana
'LOVELY', AM/AOS
Comme le cultivar proche 'Avi' (à gauche), 'Lovely' est une belle sélection de cette espèce populaire.

Phalaenopsis philippinensis 'CHRISTINA'S DELIGHT', AM/AOS

PHALAENOPSIS ESPÈCES (SUITE)

Durant la première moitié du XXe siècle, les *Phalaenopsis* blancs et roses (pp. 100-101) étaient les espèces les plus cultivées et les plus hybridées. Ils ne représentent cependant qu'une infime partie d'un genre très riche. L'introduction de nouvelles espèces très diverses et colorées dans l'arène des hybridations a ouvert la voie à de nouveaux hybrides extraordinaires (pp. 106-107).

Phalaenopsis gigantea
'MT VERNON', AM/AOS
Ce nom d'espèce convient bien à la plus grande espèce du genre. Ses larges feuilles épaisses ont été comparées à une queue de castor. Malheureusement, les fleurs sont parfois dissimulées parmi les feuilles et passent presque inaperçues.

Phalaenopsis mariae

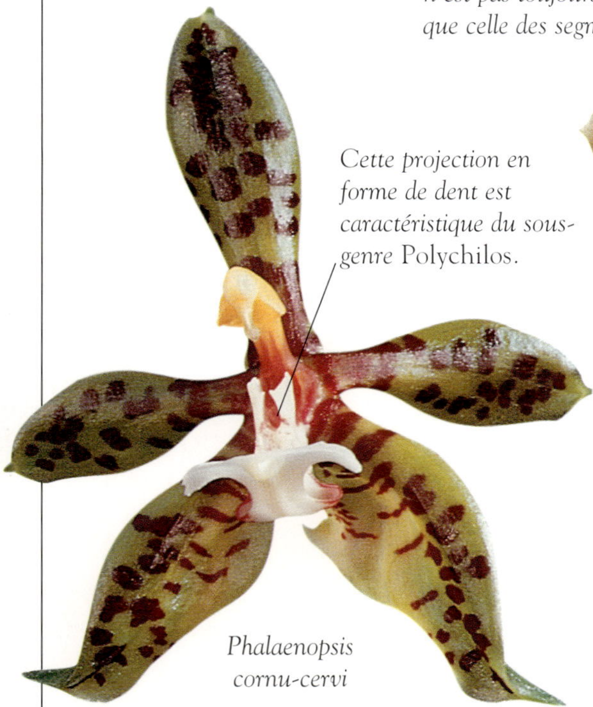

Phalaenopsis cornu-cervi

Phalaenopsis cornu-cervi, *Phal. mariae* et *Phal. reichenbachiana* sont des espèces du sous-genre *Polychilos*, réputé pour ses fleurs très colorées et durables, non parfumées, à segments floraux étroits. Les lobes latéraux du labelle y sont réduits à des projections en forme de dent (voir ci-dessus *Phal. cornu-cervi*). Leurs fleurs s'ouvrent l'une après l'autre sur la hampe florale, qui peut porter des fleurs pendant près d'un an.

Phalaenopsis reichenbachiana
'ORCHIDPHILE', CBR/AOS

Phalaenopsis equestris
'CANDOR VIOLETTE', FCC/AOS
Cette très petite espèce, à petites fleurs groupées en inflorescences ramifiées, a été utilisée dans les hybridations pour obtenir des hybrides multiflores, très intéressants comme plantes fleuries destinées à la culture en pot.

Phalaenopsis bellina 'HERB'S'

PHALAENOPSIS HYBRIDES

Le premier *Phalaenopsis* hybride fut présenté en 1886 par l'établissement horticole anglais Veitch Royal Nursery. Il s'agissait du produit d'un croisement entre *Phal. aphrodite* et *Phal. rosea* (maintenant *Phal. equestris*, p. 102), qui reçut le nom de *Phalaenopsis* INTERMEDIA. Dans les cinquante ans qui suivirent, la plupart des hybrides créés furent des plantes à fleurs blanches, blanches à labelle coloré, ou roses. Durant cette même période, les obtenteurs recherchèrent des fleurs plus grandes, plus rondes et plus plates, régulièrement disposées sur des tiges arquées.

Phalaenopsis
BROTHER RELAXED FIT
'ONTARIO LAVA', HCC/AOS
La teinte orangé clair de la fleur est presque masquée par les taches rouge pourpré qui se fondent les unes aux autres.

La teinte rose semble se répandre depuis la colonne au centre de la fleur.

Phalaenopsis
GLAD CHILD
'YAMAZATO', AM/AOS
Cet hybride peut présenter quinze fleurs épanouies simultanément.

Phalaenopsis **HILO LIP**
'LOVELY'
Ce grex a marqué une avancée importante dans les hybridations, car il n'existait pas auparavant de sujet à fleur rose et labelle blanc.

La coloration de la base du labelle est plus ou moins marquée.

Phalaenopsis
WILD DELIGHT
'TRAVIS', HCC/AOS
Même si les stries ne sont pas parfaitement nettes, cet hybride fait partie des *Phalaenopsis* striés.

Phalaenopsis **DAWN TREADER**
La coloration rose à la base des segments floraux est plus accentuée chez certains membres de ce grex, donnant une fleur presque entièrement rose.

Phalaenopsis
MALIBU MINUTE
'LISA', HCC/AOS
Le fin liseré blanc bordant les segments floraux met bien en valeur les veines de teinte soutenue de ces fleurs de 5 cm de diamètre. Leur disposition sur deux rangs leur a valu une distinction (HCC).

Phalaenopsis **PINK ANGEL** 'WOODY'S PELORIC'

PHALAENOPSIS HYBRIDES (SUITE)

L'hybridation des *Phalaenopsis* connut de grandes avancées durant la deuxième moitié du XXᵉ siècle, avec le développement de toute une gamme de nouveaux hybrides. Tout commença vers 1957, lorsque Louis Vaughn obtint le premier hybride à fleurs jaunes, GOLDEN LOUIS. Depuis, une myriade d'hybrides très colorés a vu le jour, la Royal Horticultural Society enregistrant chaque mois de nouvelles obtentions.

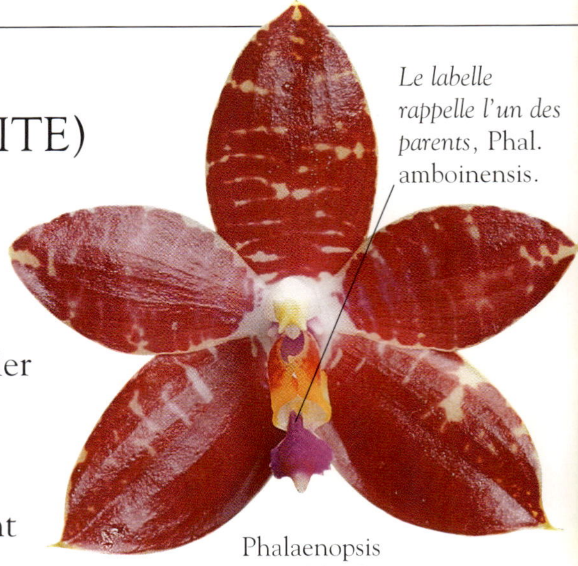

Le labelle rappelle l'un des parents, Phal. amboinensis.

Phalaenopsis
ZUMA JO
'CHADWICK', HCC/AOS
Les fleurs étoilées aux teintes soutenues et à texture vernissée sont très populaires.

Les obtenteurs recherchent des fleurs harmonieusement disposées sur la tige.

Phalaenopsis
EVERSPRING KING
'PANDA', JC/AOS
Il s'agit d'un groupe très intéressant d'hybrides récents. La plante ne porte pas deux fleurs absolument identiques.

Phalaenopsis SOGO LION
'ORCHID WORLD', HCC/AOS
Raies et ponctuations, souvent disposées en cercles concentriques, sont caractéristiques de nombreux hybrides récents.

Phalaenopsis MINI MARK
'SARA MICHELLE', AM/AOS
Dans une fleur semi-pélorique, les pétales ressemblent plus au labelle qu'à des pétales classiques. Le labelle est hérité de son ascendant *Phal. parishii* (p. 100).

Phalaenopsis **WALDEN'S PUMPKIN PATCH**
'ORANGE PASSION', AM/AOS
Les fleurs rouge orangé enrichissent la palette de couleurs des *Phalaenopsis* hybrides.

Phalaenopsis **BRECKO DREAMCUP** 'VALLE MIST', HCC/AOS

DORITAENOPSIS ET DORITIS

*D**oritaenopsis*, genre issu du croisement de *Doritis* et de *Phalaenopsis*, compte quelques hybrides hors du commun. Les hybrides primaires (issus de croisements entre espèces) portent des inflorescences plus dressées, aux fleurs plus petites, aux couleurs souvent intenses. Ces hybrides primaires croisés à nouveau avec *Phalaenopsis* ont une descendance aux fleurs plus proches de celles de *Phalaenopsis*, plus pleines, plus rondes, aux tiges plus arquées.

Doritaenopsis MALIBU BAY 'ZUMA LIPSTICK', AM/AOS
Les fleurs d'un blanc immaculé, à labelle rouge rubis, sont gracieusement disposées sur une tige arquée.

Doritaenopsis BUENA LEMON BRITE 'GOLDEN GLOW', AM/AOS
Bien que généralement plus petites que les fleurs roses ou blanches, les jaunes sont très prisées.

Doritaenopsis RED PEARL 'BARBARA ANN', AM/AOS
Les fleurs doivent leur teinte rouge pourpré intense à *Doritis* (ci-dessous).

DORITIS

Doritis pulcherrima 'A-DORIBIL', HCC/AOS
Des formes semi-péloriques de cette espèce ont été découvertes depuis deux décennies dans toute une gamme de teintes.

Doritis pulcherrima 'JUNE SNOW', AM/AOS
La quantité de jaune sur le labelle varie également chez la forme blanche de *Doritis pulcherrima*.

Doritis pulcherrima 'FRED JERNIGAN', HCC/AOS
Si la teinte des fleurs est très variable chez cette espèce, ce cultivar montre la couleur la plus courante.

CI-CONTRE

hg *Doritaenopsis* TAISUCO CANDYSTRIPE 'MAJESTIC FLARE', JC/AOS
hd *Doritaenopsis* MALIBU EASTER 'IOSCO BUTTERFLY', JC/AOS
hc *Doritaenopsis* PURPLE GEM 'SNOW COURT', HCC/AOS
cg *Doritaenopsis* MEM. VAL RETTIG 'WALLBRUNN', AM/AOS
cd *Doritaenopsis* MAUI SIZZLE 'MAHALO LOUIE', HCC/AOS
bc *Doritaenopsis* KENNETH SCHUBERT 'ORIENTAL SKY', HCC/AOS
bg *Doritaenopsis* PINATA 'PACIFIC'
bd *Doritaenopsis* NUEVO PARAISO 'SQUEAKY', HCC/AOS

ORCHIDÉES DIVERSES

Sont regroupées sous ce terme des genres et des espèces d'orchidées qui, bien qu'ayant pour la plupart une floraison très décorative, ne font pas l'objet de cultures d'importance commerciale pour la fleur coupée. Certaines sont cultivées pour la production de plantes en pot, mais en quantité moindre que celles des grands genres présentés auparavant. La diversité des plantes comme des fleurs est immense dans ce groupe, qui peut être considéré comme l'un des chefs-d'œuvre du monde végétal. Ce groupe de genres est présenté ici conformément au concept taxonomique de cette famille tel qu'il a été établi par Robert Dressler dans son ouvrage *Phylogénie et Classification de la famille des orchidées*. Seule une petite fraction des espèces intéressantes et inhabituelles de cette gigantesque famille est abordée ici. Leurs habitats d'origine comme leurs exigences culturales couvrent toute la diversité qu'offre cette étonnante famille végétale.

Catasetum tenebrosum
'CLOWN ALLEY', JC/AOS
Ces fleurs sont typiques des fleurs femelles de ce genre. Les fleurs mâles sont plus colorées (voir p. 16).

Anguloa xrolfei
Les fleurs de ce genre sont parfois appelées orchidées-tulipes : il est vrai qu'elles ressemblent à première vue à des tulipes.

SPIRANTHOIDEAE ET ORCHIDOIDEAE

La sous-famille des *Spiranthoideae* contient certaines espèces qui sont considérées comme les plus primitives de la famille des orchidées. Les *Orchidoideae*, proches de ces dernières, sont présentées également dans les deux pages suivantes.

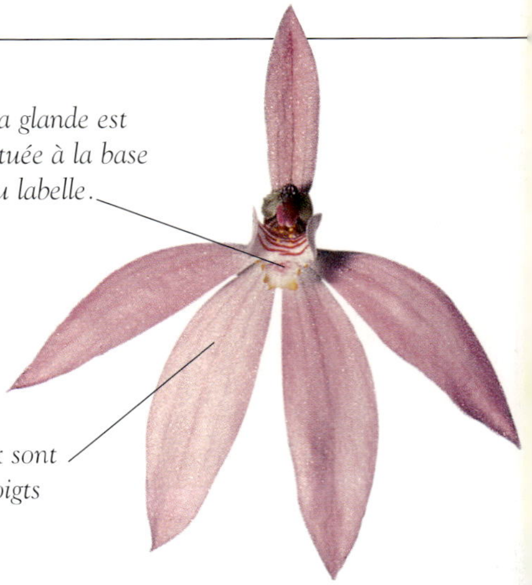

Caladenia catenata
Bien qu'on ne le voie pas ici, le nom scientifique indique la présence d'une belle (*cala*, du grec *kalos*) glande (*denia*) rattachée (*catenata*) au labelle. [*Orchidoideae*]

Cryptostylis conspicua
Son nom à lui seul décrit bien la fleur, dont le beau (*conspicua*) labelle masque (*crypto*) la colonne (*stylis*). Dans ce genre, le labelle entoure toujours la colonne. [*Orchidoideae*]

Caladenia dilatata
L'insecte pollinisateur tente de s'accoupler avec la fleur. Cette pseudocopulation est nécessaire chez de nombreux genres pour permettre la pollinisation. [*Orchidoideae*]

Pterostylis abrupta
Ce genre compte environ soixante espèces en Asie et en Australie. Toutes ont des fleurs essentiellement vertes, avec différents degrés de zébrures. Ces fleurs présentent une certaine ressemblance avec celles des *Arisaema*, de la famille des Aracées. [*Orchidoideae*]

Calochilus robertsonii
Le nom de genre a été inventé par Robert Brown à partir de deux mots grecs, *kalos* (beau) et *cheilos* (labelle), pour décrire le labelle original, hérissé de poils, de ces fleurs. [*Orchidoideae*]

Stenorrhynchos speciosum
Lorsque le fauchage printanier des talus en bordure de certaines routes du sud de la Floride est retardé, cette orchidée terrestre de 60 cm de hauteur y fleurit par milliers. [*Spiranthoideae*]

Pelexia olivacea
'ADANTE', CBR/AOS
La disposition spiralée des fleurs est typique de nombreuses *Spiranthoideae*. Les sépales dorsaux forment un casque (*pelexia*) chez ces fleurs vert olive (*olivacea*).

Corybas carinatus [*Orchidoideae*]

ORCHIDOIDEAE (SUITE)

Cette sous-famille est très présente en Europe du Nord tempérée (mais il en existe des représentants en Afrique, en Australie et en Amérique du Sud). Elle est célèbre pour ses différents types de leurres destinés à inciter les insectes à s'accoupler avec les fleurs afin de permettre la pollinisation. Les structures racinaires, appelées tubercules, sont utilisées comme aphrodisiaques ou entrent dans la préparation de friandises et de boissons.

Disa watsonii
Un bel exemple des fleurs richement colorées de ce genre sud-africain (*Disa*). Remarquez le sépale dorsal modifié, tacheté.

— ORCHIDÉES AYANT UNE PÉRIODE DE REPOS —

Stenoglottis longifolia
Cette orchidée tropicale africaine est très décorative en fleurs mais observe une période de dormance de près de six mois après la floraison. La fleur a une langue (*glottis*) étroite (*steno*).

Habenaria carnea
'ORCHID MAN', CCM/AOS
Comme *Stenoglottis*, cette orchidée du Sud-Est asiatique entre en repos végétatif pendant presque six mois de l'année.

Le labelle est très variable au sein de ce genre.

Orchis mascula
Le nom de genre est tiré du mot grec *orchis* (testicule), la paire de tubercules souterrains évoquant en effet des testicules (voir Les orchidées dans l'histoire, pp. 8-9). C'est également ce genre qui a donné son nom de la famille des *Orchidaceae*.

MIMÉTISME

Le genre *Ophrys* est bien connu pour le mimétisme de ses curieuses fleurs, dont le labelle ressemble à l'abdomen d'insectes femelles. Ainsi les mâles tentent de s'accoupler avec les fleurs, ce qui permet la pollinisation des fleurs, dont le parfum est peut-être également évocateur des insectes femelles.

Apifera *fait référence au labelle évoquant une abeille* (apis en latin).

Ophrys apifera

Ophrys lutea

Ophrys ciliata (*vernixia*)

Ophrys bornmuelleri

CYMBIDIEAE

La tribu des *Cymbidieae* fait partie de la phyllade des *Cymbidium et* genres alliés (pp. 34-39). Malgré la diversité des fleurs, on les considère comme un groupe naturel, basé sur la similitude de leurs graines. Cette tribu compte vingt-huit genres présents dans les régions tempérées et tropicales du monde entier. Les genres décrits ici sont des orchidées sympodiales, épiphytes ou terrestres, originaires des régions tropicales d'Afrique et Amérique.

CATASETUM

Les espèces de *Catasetum* portent des fleurs mâles et femelles distinctes. Les fleurs mâles possèdent un système de déclenchement qui projette le pollinarium (ensemble des pollinies et d'autres structures appelées caudicule et viscidium, voir pp. 10-11) sur l'insecte qui pénètre dans la fleur. L'insecte pollinise ensuite une fleur femelle en y pénétrant également. Toutes les fleurs représentées ici sont mâles, car ce sont les plus décoratives. Les fleurs femelles sont généralement vertes, en forme de casque (voir *Catasetum tenebrosum*, p. 111).

Catasetum fimbriatum

Catasetum barbatum

Catasetum schmidtianum 'CROWN FOX', CHM/AOS

Eulophia guineensis
Eulophia est un genre à vaste aire de répartition, présent en Afrique, Amérique tropicale, aux Antilles et dans le sud des États-Unis. Les fleurs s'épanouissent sur des tiges dressées qui peuvent atteindre 1 m de hauteur.

Le labelle est l'élément dominant de la fleur.

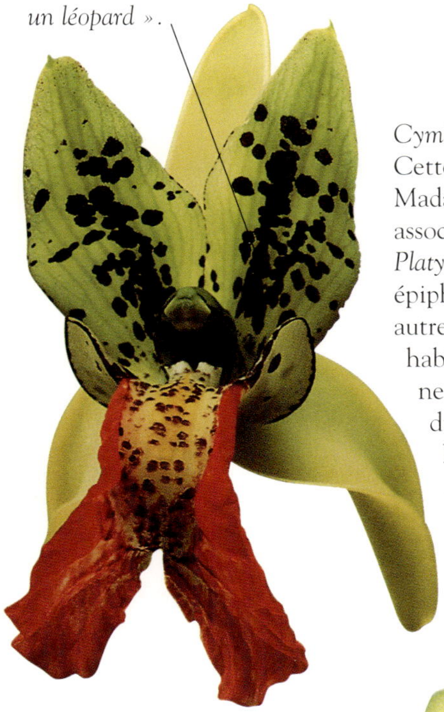

Pardalina *signifie « tacheté comme un léopard ».*

Cymbidiella pardalina
Cette espèce native de Madagascar y pousse en association avec une fougère *Platycerium madagascariense*, épiphyte également. Les deux autres espèces du genre ont des habitats très différents : l'une ne pousse que sur les palmiers du genre *Rhapis*, tandis que l'autre est terrestre et pousse dans la mousse de sphaigne.

La forme jaune pur illustrée ici est moins courante que ses variantes mouchetées.

Ansellia africana var. *natalensis*
Cette orchidée d'Afrique du Sud présente une telle variabilité que les taxonomistes ont proposé de la diviser en plusieurs espèces, ne basant la distinction que sur la couleur des fleurs.

ZYGOPETALINAE

Les trente genres de cette sous-tribu classée dans la phyllade des *Cymbidium* et genres alliés présentent des fleurs d'une grande variabilité. Certaines plantes portent une unique fleur, souvent proche de la base de la plante (*Pescatorea*) tandis que d'autres ont des inflorescences dressées, multiflores, portées bien au-dessus des feuilles (*Zygopetalum*). Toutes sont sympodiales, terrestres ou épiphytes, et sont des orchidées de serre chaude à froide.

Zygowarrea **SPRINGHURST 'JIMLOU', AM/AOS**
Les segments floraux assez larges et le labelle étalé sont hérités de *Warrea*. Les inflorescences dressées hissent les fleurs au-dessus du feuillage.

Le labelle plat expose entièrement la colonne.

Cochleanthes **AMAZING 'DONNAN', AM/AOS**
Ce bel hybride tient son grand labelle de son parent C. *amazonica*, au labelle exceptionnellement développé.

Zygopetalum **SYD MONKHOUSE 'EVERGLADES', AM/AOS**
Les fleurs durables, de 7 cm de diamètre, s'épanouissent sur des inflorescences dressées au-dessus des feuilles.

Les poils masquent presque entièrement le labelle.

Les fleurs de Huntleya *sont généralement étoilées.*

Huntleya gustavii **'HATILLO STAR', AM/AOS**
Les fleurs de cette espèce d'Amérique tropicale sont solitaires et s'ouvrent tout près de la base des feuilles, chaque tige courte produisant une fleur unique.

Pescatorea lehmanni **'PASSION', AM/AOS**
Placée près de la base des feuilles, souvent dissimulée parmi celles-ci, cette belle fleur au labelle velu peut tout à fait passer inaperçue.

Zygoneria **ADELAIDE MEADOWS 'SPRINGTIME'**

LYCASTINAE

De nombreux membres de cette sous-tribu d'orchidées sympodiales d'Amérique tropicale, appartenant à la phyllade des *Cymbidium* et genres alliés, portent des fleurs solitaires, mais des inflorescences uniflores se forment à la base de chaque pseudobulbe. Ces orchidées poussant à des altitudes variées, elles se cultivent dans des serres froides à chaudes.

Bifrenaria tyranthina
Ces belles fleurs sont portées par une tige très courte, parfois dissimulées parmi les feuilles. Notez la forte ressemblance de la fleur avec celle de *Cymbidium*, genre proche (pp. 34-39).

Anguloa cliftonii

Anguloa tognettiae

Anguloa
Les *Anguloa* d'Amérique du Sud sont surnommées orchidées-tulipes. Vue de côté, en effet, la fleur évoque une tulipe (*A. cliftonii*). Vue de haut, en revanche, et avec un peu d'imagination, on peut voir un nourrisson dans son berceau (*A. tognettiae*). La floraison de ces orchidées est dans tous les cas originale et décorative.

CI-CONTRE

hg *Lycaste* SHOALHAVEN 'FIRESTORM'

hd *Lycaste aromatica*

hc *Lycaste fulvescens* 'APRICOT JAM', CBR/AOS

cg *Lycaste plana*

cd *Lycaste powellii*

bc *Lycaste fragrans* 'MANZANITA', CHM/AOS

bg *Lycaste locusta*

bd *Lycaste* SUNRAY 'GUNNER', HCC/AOS

UN HYBRIDE BIGÉNÉRIQUE

Lycaste fulvescens
Les fleurs de *Lycaste* ne s'épanouissent pas toutes comme celles photographiées page de droite: certaines ne s'ouvrent que partiellement, comme celle-ci. L'élément le plus intéressant de cette fleur est son labelle frangé.

Anguloa clowesii
L'espèce la plus connue de ce genre, native des Andes, produit de nombreuses fleurs solitaires dont le labelle bouge d'avant en arrière. Chaque pseudobulbe porte plusieurs tiges florales à fleur unique.

Angulocaste ROSEMARY
Les hybrides entre *Anguloa* et *Lycaste* sont très prisés. Les fleurs sont très proches de celles du parent *Lycaste*. Tous les hybrides héritent de leurs parents le caractère solitaire des fleurs (une seule par tige).

STANHOPEINAE ET MAXILLARIINAE

Ces deux sous-tribus appartiennent à la phyllade des *Cymbidium* et genres alliés (comme les groupes présentés pp. 116-121). L'un des membres des *Stanhopeinae*, *Peristeria elata* (page de droite), est la fleur nationale du Panamá. Les fleurs semblent porter une colombe en leur centre.

Trigonidium egertonianum
Le labelle, la colonne et les deux minuscules pétales sont masqués par les trois grands sépales décoratifs. [*Maxillariinae*]

Mormolyca gracilipes
Cette espèce de serre froide, native des Andes, porte une fleur solitaire sur une longue tige fine. [*Maxillariinae*]

L'inflorescence pendante est issue de la base du pseudobulbe.

Embreea rodegisiana
Comme le genre proche *Stanhopea*, cette orchidée demande à être cultivée dans un panier de lattes ajourées: la tige florale pousse en effet vers le bas, souvent à travers le mélange de culture, et émerge au bas du panier. [*Stanhopeinae*]

Le curieux labelle est typique de ceux rencontrés chez les Stanhopeinae.

PAS DEUX SEMBLABLES

Maxillaria fractiflexa
'SONOMA', CHM/AOS
Les longs sépales effilés et les pétales enroulés se retrouvent chez de nombreuses espèces de *Maxillaria*. [*Maxillariinae*]

Acineta hennisiana
'SOCRATE', CHM/AOS
Les fleurs en coupe, groupées en bouquets denses, sont portées sur des tiges pendantes de 1 m de long. [*Stanhopeinae*]

Stanhopea barbata (*costaricensis*)
Les plantes de ce genre sont parfois surnommées *toritos*, petits taureaux, à cause de leurs ponctuations sombres (les yeux) et des projections cornues du labelle. [*Stanhopeinae*]

Paphinia cristata
Le nom d'espèce fait référence à la crête en forme de peigne de cette orchidée d'Amérique tropicale. Chaque inflorescence porte de une à plusieurs fleurs. [*Stanhopeinae*]

Peristeria elata 'WINGED BEAUTY', CCM/AOS [*Stanhopeinae*]

PHYLLADE DES EPIDENDRUM ET GENRES ALLIÉS

Les orchidées présentées sur ces deux pages appartiennent à deux sous-tribus de ce groupe, les *Arethusinae* et les *Bletiinae*. Toutes sauf *Arethusa* appartiennent aux *Bletiinae*.

Phaius tankervilleae 'RABIN'S RAVEN', AM/AOS
La plante forme une large touffe spectaculaire lors de sa floraison, en début de printemps.

Calanthe vestita
Cette espèce native du Sud-Est asiatique est très utilisée dans les hybridations depuis 1860. Il en existe un grand nombre de formes diversement colorées.

Calanthe **VICTORIA KATRINA 'RED EYE'**
La première orchidée hybride obtenue par l'homme (1855) était issue d'un croisement entre deux espèces de *Calanthe*. Cette fleur est un bel exemple des hybrides modernes.

Calopogon tuberosus
Le poids de l'insecte pollinisateur fait ployer le labelle à barbe jaune, provoquant ainsi le contact de l'insecte avec la colonne, de façon à assurer la pollinisation.

Tainia hookeriana
Les sujets bien développés portent jusqu'à vingt-cinq fleurs de 5 cm de diamètre, sur des tiges dressées de 90 cm de hauteur. Une espèce originaire du nord de la Thaïlande.

Arethusa bulbosa
Le nom d'espèce indique qu'il s'agit d'une orchidée bulbeuse (à corme plus exactement), une caractéristique des *Arethusinae*.

Phaius tankervilleae 'ROSITA', CCM/AOS

PHYLLADE DES EPIDENDRUM

ET GENRES ALLIÉS (SUITE)

Cette phyllade compte trois autres sous-tribus, ainsi que les *Cattleya* et genres alliés (pp. 52-67) et les Pleurothallidées (pp. 68-75). Ces orchidées épiphytes ou terrestres sont des plantes de serre chaude ou froide.

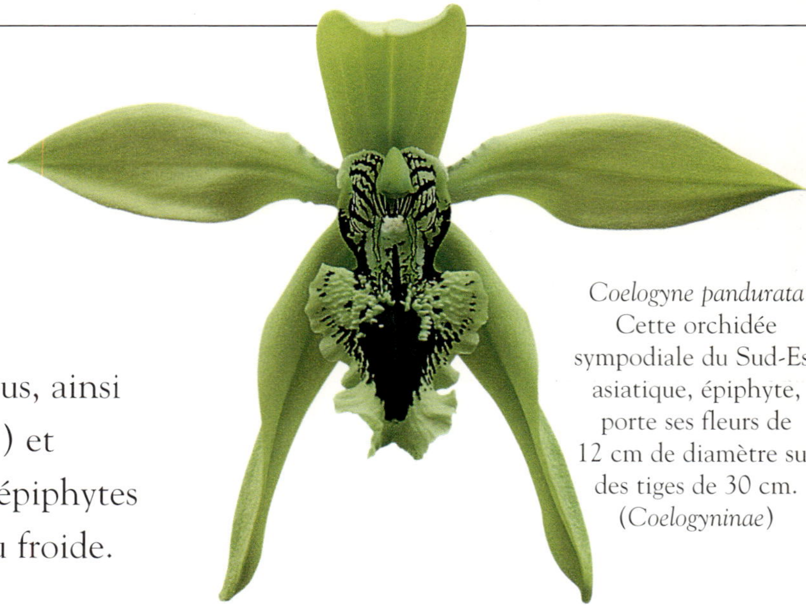

Coelogyne pandurata
Cette orchidée sympodiale du Sud-Est asiatique, épiphyte, porte ses fleurs de 12 cm de diamètre sur des tiges de 30 cm. (*Coelogyninae*)

UN AIR DE JACINTHE

Arpophyllum giganteum 'SANTA BARBARA', CCE/AOS
Le nom botanique de cette grande (*giganteum*) espèce fait référence aux feuilles (*phyllum*) raides, en forme de faucille (*arpo*). On l'appelle aussi orchidée-jacinthe. [*Arpophyllinae*]

Voir pages 10-11 l'analyse de l'anatomie de la fleur.

Les motifs et franges du labelle varient parmi les seize espèces répertoriées.

Pleione formosana
Les superbes fleurs de cette espèce native de Chine et de Taïwan s'ouvrent à quelques centimètres du sol. [*Coelogyninae*]

Dendrochilum wenzelii
À la différence des autres espèces de ce genre du Sud-Est asiatique, celle-ci porte des inflorescences dressées. Les fleurs apparaissent parmi les feuilles vert foncé. [*Coelogyninae*]

Coelogyne cristata
Les inflorescences pendantes portent jusqu'à dix fleurs de 8 cm de diamètre, blanc pur, à labelle marqué d'une crête (*cristata* en latin) jaune. [*Coelogyninae*]

Elleanthus trilobatus
Les bractées (organes foliacés à la base des fleurs) sont un élément caractéristique de ce genre. Comparez cette inflorescence en forme de cône de pin avec celle nettement sphérique d'*Elleanthus sphaerocephala*, à droite. [*Sobraliinae*]

Les bractées vertes contrastent avec les fleurs jaunes.

Elleanthus sphaerocephala 'EICHENFELS GOOZLE', CBR/AOS [*Sobraliinae*]

BULBOPHYLLUM

Les *Bulbophyllum* appartiennent à la sous-tribu des *Bulbophyllinae*. Le genre fut décrit pour la première fois par Thouars en 1822. Ce dernier forma le nom de genre à partir des mots grecs *byblos*, bulbe, et *phyllon*, feuille. Ce genre compte aujourd'hui environ 1 000 espèces et inclut toutes celles connues autrefois sous le nom de *Cirrhopetalum*. Ces orchidées d'Asie tropicale sont souvent très petites mais offrent des fleurs remarquables.

Bulbophyllum lemniscatoides 'WAPPINGER'S FALLS', CBR/AOS
Le nom d'espèce est parfaitement évocateur : *lemniscatoides* signifiant littéralement « qui ressemble à une fleur d'orchidée avec des rubans ».

Les longs sépales effilés sont présents chez de nombreuses espèces de Bulbophyllum.

Chez la plupart des Bulbophyllum, *labelle et pétales sont minuscules comparés aux sépales.*

Bulbophyllum lishanensis
Originaire du mont Li-shan à Taïwan, cette espèce ne présente pas des fleurs aussi régulièrement disposées que d'autres espèces (comparez avec *Bulb. makoyanum*, p. 131).

Bulbophyllum LOUIS SANDER
Les sépales attirent d'abord le regard, mais la partie la plus intéressante de la fleur se situe au niveau des petits pétales et du labelle, avec d'étonnants et minuscules appendices floraux.

Bulbophyllum barbigerum
À la différence de nombreuses autres espèces du genre, celle-ci a de petits sépales non effilés, tandis que l'élément essentiel de la fleur est le grand labelle à poils claviformes.

Bulbophyllum rothschildianum 'A-DORIBIL', CCM/AOS
La disposition en parachute des fleurs fait qu'elles semblent planer autour de la plante. Un superbe spécimen qui a valu à son propriétaire une récompense bien méritée.

Bulbophyllum annandalei 'D & B', CHM/AOS
Même si les sépales ne sont pas finement effilés, ils constituent clairement l'élément dominant de la fleur. Les autres segments sont très petits et ne portent pas d'appendices.

Bulbophyllum binnendijkii 'ODORIFEROUSLY MAGNIFICO', CHM/AOS
Ce curieux nom de cultivar pourrait s'appliquer à de nombreuses espèces de *Bulbophyllum*, comme *Bulb. phalaenopsis*.

Bulbophyllum medusae

BULBOPHYLLUM (SUITE)

La diversité du genre *Bulbophyllum* paraît sans limites. Les inflorescences en ombrelle de certaines espèces évoqueraient presque une marguerite, une fleur simple et non une inflorescence. D'autres présentent des pétales réduits à des organes filiformes, mobiles au moindre souffle, et évoquent plus les antennes d'un insecte qui émergeraient de la fleur. D'autres fleurs encore sont tout à fait insignifiantes.

Bulbophyllum aemulum
'WAPPINGER'S FALLS', CHM/AOS
Les sépales latéraux allongés sont tubulés et pendants tandis que les autres pièces florales sont discrètes, sans ornement particulier.

Bulbophyllum wendlendianum
Le sépale dorsal (supérieur) et les pétales sont agrémentés de poils de taille variable, qui semblent être le prolongement des stries rouges de la fleur.

Bulbophyllum robustum (graveolens)
'CASTLE', AM/AOS
Il s'agit ici d'une variation sur le thème des inflorescences ressemblant à une marguerite. Les pièces florales (à droite) n'ont pas d'ornements.

Bulbophyllum roseopunctatum
'PATRICIA', CHM/AOS
Le nom d'espèce évoque les ponctuations roses.

Bulbophyllum frostii
Native du Sud-Est asiatique, cette espèce est typique des fleurs plus insignifiantes, moins originales, que présentent également ce genre. La structure centrale rappelle un peu la colombe de *Peristeria* (p. 123).

Bulbophyllum falcatum var. *bufo*
À première vue, il pourrait s'agir d'un membre d'un autre genre : les sépales latéraux forment un tube, la fleur est dépourvue d'appendices spécifiques. L'inflorescence est aplatie, les fleurs alternant de part et d'autre de la tige.

Bulbophyllum auratum
'OTHER WORLD', CHM/AOS
Comme c'est le cas généralement pour les inflorescences de ce type (voir ci-contre), les fleurs présentent des motifs et colorations remarquables.

AERIDINAE

Les *Aeridinae* constituent l'une des trois sous-tribus de la tribu des *Vandeae*, elle-même proche des genres déjà traités *Dendrobium* (pp. 76-85) et *Bulbophyllum* (pp. 128-131). Cette sous-tribu est la plus importante des *Vandeae*, car elle comprend les genres *Phalaenopsis* et *Doritis* (pp. 98-109), *Vanda*, ainsi que de nombreuses orchidées diverses, la plupart originaires d'Asie tropicale. Quelques-unes sont illustrées ici.

Pteroceras appendiculata
Le nom scientifique de cette plante décrit une partie de la fleur avec précision : le labelle évoque une corne (*ceras*) ailée (*ptero*) pourvue d'appendices (*appendiculata*).

Les segments floraux sont aussi épais qu'une peau de banane.

Vandopsis gigantea
Cette robuste plante native de Birmanie ressemble à un grand *Vanda*, avec des inflorescences pendantes portant des fleurs de 7 cm de diamètre.

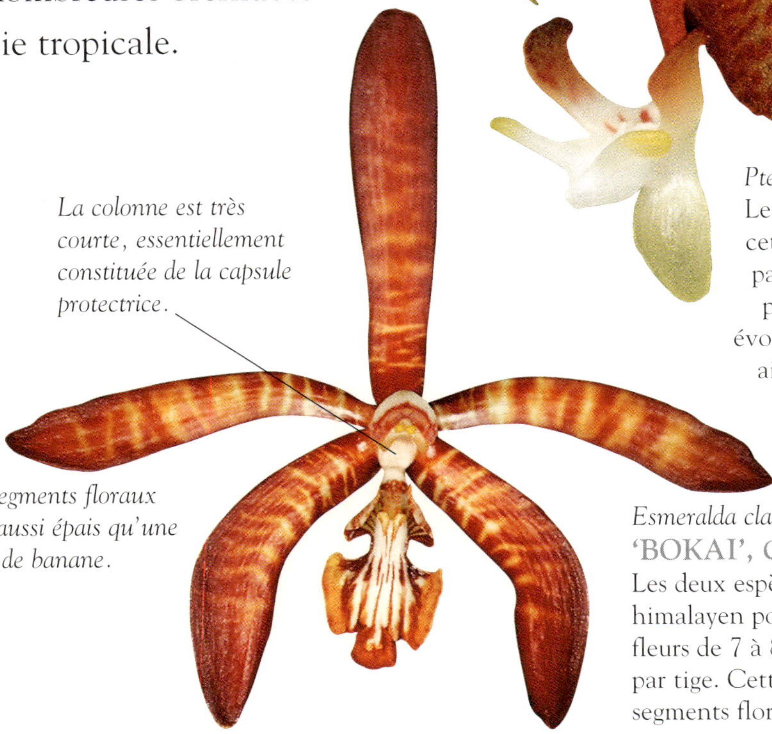

La colonne est très courte, essentiellement constituée de la capsule protectrice.

Esmeralda clarkei
'BOKAI', CHM/AOS
Les deux espèces de ce genre himalayen portent trois à cinq fleurs de 7 à 8 cm de diamètre par tige. Cette espèce a les segments floraux les plus étroits.

Microsaccus brevifolius
La fleur a un petit (*micro* en grec) éperon (*saccus*) et est portée à l'aisselle des petites (*brevi* en latin) feuilles (*folius*) embrassantes et repliées. Cette espèce du Sud-Est asiatique se cultive en serre chaude.

Saccolabium kotoense
Cette petite espèce du Sud-Est asiatique serait proche de *Sarcochilus* (à droite). Si sa floraison est très décorative, elle demeure rare en culture.

Sarcochilus hartmannii
'ENGLAND'S ROSE', HCC/AOS
Les inflorescences dressées comptent jusqu'à vingt-cinq belles fleurs de 3 cm de diamètre.
Le centre des fleurs est plus ou moins fortement ponctué de rouge.

Aerides crassifolia
Le nom d'espèce évoque l'épaisseur de ses feuilles charnues. Cette petite plante originaire de Thaïlande et de Birmanie porte des inflorescences de 12 cm de long comptant jusqu'à dix fleurs.

Trichoglottis philippinensis var. *brachiata* 'VIN-MAR', AM/AOS

ANGRAECINAE

Cette sous-tribu compte des genres qui présentent les plus grandes fleurs et les plus longs éperons (structures tubulées à l'arrière de la fleur) de la tribu des *Vandeae*. Les fleurs sont blanches ou blanc-vert et sont pollinisées par les papillons nocturnes ressemblant aux sphinx. Ces orchidées sont essentiellement originaires d'Afrique tropicale, de Madagascar et des îles de l'océan Indien.

Le sépale dorsal est dressé chez la plupart des espèces d'Angraecum.

Le labelle est effilé en pointe courte à l'extrémité du lobe central.

Angraecum eichlerianum
L'éperon de cette espèce se distingue de celui des autres espèces du genre, très large à la base du labelle puis rétréci, comme un entonnoir.

Aeranthes ramosa
Le nom du genre signifie « fleur de l'air » : les tiges florales sont en effet si fines que les fleurs semblent dissociées du feuillage.

Aeranthes grandiflora
'SCHNURMACHER', HCC/AOS
Native de Madagascar, cette orchidée porte ses fleurs à l'extrémité de fines tiges grêles et arquées, de 50 cm de long.

Les longs sépales fins soulignent l'aspect aérien de la fleur.

Angraecum sesquipedale
'ESTRELLA BLANCA', HCC/AOS
Baptisée étoile-de-Bethléem par référence à l'étoile qui guida les rois Mages, cette orchidée native de Madagascar est pollinisée par un papillon de nuit. Son éperon est long de 30 cm.

Jumellea arachnanthe
Le nom d'espèce fait allusion aux fleurs arachniformes, groupées en inflorescences dressées à l'aisselle des feuilles. Ces fleurs sont blanc pur, exceptée la colonne. Ce genre est originaire d'Afrique du Sud, de Madagascar et des îles de l'océan Indien.

Oeonia volucris
Cette espèce, présente uniquement à Madagascar et dans les îles Mascareignes, développe de longues tiges florales fines et ramifiées. Les fleurs, blanches ou vertes, présentent généralement une touche de couleur vers la base du labelle, au pied de la colonne.

 Polyradicion lindenii, l'orchidée-fantôme des marais des Everglades en Floride.

AERANGIDINAE

Cette sous-tribu des *Vandeae* compte trente-six genres d'Afrique tropicale. La taille et la teinte des fleurs varient, mais elles sont en majorité blanches et pourvues d'un éperon. Cette sous-tribu comprend des espèces aphylles (dépourvues de feuilles), comme *Microcoelia gilpinae*.

Podangis dactyloceras
La capsule verte est bien visible entre les segments floraux blanc brillant, presque transparents, tout comme l'éperon lui-même.

Chamaeangis harotiana
'WILLOW POND', CCM/AOS
Cette orchidée native des Comores, dans l'océan Indien, porte de très nombreuses fleurs avec un bel effet d'ensemble.

Aerangis curnowiana
Le long éperon de cette espèce de Madagascar est enroulé dans la fleur en bouton, puis se déploie à l'épanouissement. La fleur, qui existe aussi sous une forme blanc pur, est caractéristique des *Aerangis*.

Les pollinisateurs des fleurs à long éperon doivent être pourvus d'un proboscis très long pour pouvoir atteindre le nectar présent à la base (non représentée) de l'éperon.

Tridactyle bicaudata
Le labelle est à trois (*tri*) lobes (*dactyle* signifiant doigt ou lobe), et les deux lobes latéraux présentent deux (*bi*) appendices en forme de queue (*caudata*).

Rangaeris amaniensis
'LAURAY', CCM/AOS
Rangaeris est presque l'anagramme d'*Aerangis* (à droite) ; ce nom a sans doute été choisi du fait de la similitude entre les deux genres.

Aerangis modesta
Chez cette orchidée native de Madagascar et des Comores, c'est souvent la fleur de l'extrémité de l'inflorescence qui s'ouvre en premier et est le plus développée.

Aerangis luteoalba var. *rhodosticta*
'HILDE', AM/AOS
Rhodosticta fait référence aux taches rouges (les colonnes) des fleurs. L'inflorescence peut compter jusqu'à vingt-cinq fleurs.

Microcoelia gilpinae

SECONDE PARTIE

Les amoureux des plantes succombent souvent au charme des orchidées et décident d'en cultiver quelques-unes dans leur maison, leur serre ou leur jardin. Bien qu'elles ne soient pas d'un entretien difficile, les orchidées ont des exigences spécifiques pour fleurir généreusement. Pour les passionnés, la culture des orchidées est également une occasion de participer à la sauvegarde d'espèces menacées, de présenter des fleurs dans des concours, de collectionner des objets où figurent leurs fleurs fétiches.

Dendrochilum linearifolium dans son habitat naturel, en Malaisie (Genting Highlands).

PROTECTION DES ESPÈCES MENACÉES

Comme bien d'autres espèces des règnes animal et végétal, la richesse de la famille des orchidées s'amenuise à un rythme alarmant. Les deux principales causes de ce phénomène sont la destruction de l'habitat naturel des plantes et la collecte abusive de plantes sauvages dans leur milieu naturel. De nombreuses organisations, nationales et internationales, comme WWF (World Wildlife Fund), mais aussi l'American Orchid Society et des associations locales d'amateurs d'orchidées, notamment françaises, luttent pour sauver les orchidées et leurs habitats naturels.

ÊTRE OU NE PAS ÊTRE

Sauvegarde des plantes menacées
Si l'habitat d'une espèce ne peut être sauvegardé, l'espèce peut, dans certains cas, être prélevée, puis cultivée dans un conservatoire, un jardin botanique ou une collection privée.

Destruction de l'habitat naturel
Lorsque les forêts tropicales et autres habitats naturels des orchidées sont détruits, ce sont à la fois les plantes et leurs moyens de subsistance qui disparaissent.

Sauvegarde de l'habitat naturel
Les deux moyens les plus sûrs d'assurer la survie des orchidées sauvages sont la préservation de leurs habitats naturels et l'interdiction de leur commercialisation.

CE QUE VOUS POUVEZ FAIRE

Chacun d'entre nous peut jouer un rôle dans la sauvegarde des espèces d'orchidées.

1. en identifiant les espèces menacées dans un territoire donné et en alertant les autorités locales.

2. en ayant connaissance de la convention CITES (convention sur le commerce international des espèces animales et végétales menacées d'extinction) et de son rôle.

3. en n'achetant que des orchidées certifiées multipliées par un producteur.

4. en favorisant la culture d'espèces multipliées par semis afin d'assurer le maintien d'une diversité génétique importante.

5. en soutenant ou en aidant les recherches sur les méthodes de multiplication artificielle des espèces en danger.

6. en encourageant la constitution et la conservation des collections d'orchidées botaniques, privées ou publiques, par le biais de dons par exemple.

7. en apportant aux amateurs les informations nécessaires pour réussir la culture des orchidées, y compris leur multiplication.

8. en interpellant les gouvernements locaux ou nationaux afin d'agrandir les zones naturelles protégées.

9. en participant, lorsque c'est possible, aux opérations de sauvegarde des espèces menacées.

10. en étant actif dans une société locale ou nationale d'amateurs d'orchidées, notamment en participant à son comité de sauvegarde des espèces, s'il existe.

Si tous les orchidophiles du monde entier, amateurs comme professionnels, s'y attellent, les orchidées sauvages pourront encore vivre dans leurs habitats naturels pendant des générations.

Impressionnants spécimens de Prosthechea baculas *dans leur habitat naturel au Mexique, près du volcan San Martin.*

REMPOTAGE ET MÉLANGES

Il y a encore trop de jardiniers amateurs qui n'osent pas cultiver d'orchidées, persuadés qu'ils n'auront aucun succès avec ces plantes mystérieuses. Cela est fort dommage, car les orchidées ne sont pas plus difficiles à cultiver que la plupart des plantes d'intérieur. Si vous leur procurez la lumière et la température qui leur conviennent, si vous les arrosez et les surveillez attentivement, les orchidées prospéreront et fleuriront chez vous pendant des années.

MÉLANGE POUR ORCHIDÉES TERRESTRES

Comme les orchidées épiphytes, les espèces terrestres (qui poussent dans la nature ancrées dans le sol) peuvent être rempotées dans divers types de mélanges. Un bon mélange doit être riche en matière organique (au moins 40 % en volume), retenir l'eau tout en étant bien drainé, contenir une certaine proportion d'éléments nutritifs, et surtout assurer un bon ancrage physique de la plante. Tout mélange qui remplit ces conditions peut être utilisé pour rempoter les orchidées terrestres. Figurent notamment parmi les genres d'orchidées terrestres *Calanthe*, *Cymbidium*, *Cypripedium*, *Paphiopedilum*, *Phaius* et *Pleione*.

MÉLANGES POUR ORCHIDÉES ÉPIPHYTES

Les mélanges les plus utilisés associent écorce (de pin le plus souvent), fibre de fougère arborescente, perlite, mousse de sphaigne et fragments de liège ou de polystyrène expansé. Les orchidées épiphytes peuvent être plantées en pot ou en panier de lattes de bois, ou encore ancrées sur une branche ou une plaque d'écorce de liège ou de fougère arborescente (voir ci-dessous). On dit souvent que les orchidées épiphytes peuvent être cultivées dans n'importe quel mélange ne contenant pas de terre, pourvu que les apports d'eau et d'éléments nutritifs (engrais) soient ajustés en fonction du type de mélange choisi. Les genres épiphytes comprennent notamment *Cattleya*, *Dendrobium*, *Epidendrum*, *Miltonia*, *Oncidium*, *Phalaenopsis*, *Pleurothallis* et *Vanda*.

L'écorce broyée peut être utilisée seule ou associée à d'autres éléments.

La fibre de fougère arborescente constitue un matériau durable et bien aéré.

La mousse de sphaigne est facile à associer à d'autres éléments dans un mélange.

La perlite est légère et améliore l'aération et le drainage du mélange.

Un mélange moitié mousse de sphaigne/moitié perlite convient à la plupart des orchidées.

ANCRAGE SUR UNE ÉCORCE OU UNE PLAQUE

Les plaques de liège ou de fougère arborescente de diverses formes reproduisent le type de surface végétale sur laquelle poussent naturellement de nombreuses orchidées.

Les orchidées épiphytes se plaisent ancrées sur le liège, un matériau très durable.

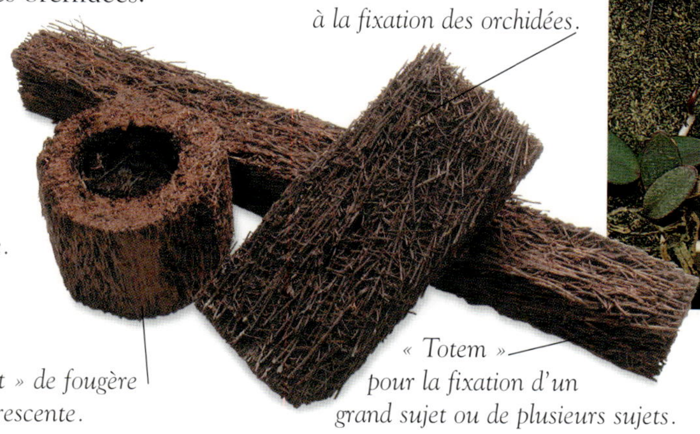

Plaque de fougère arborescente destinée à la fixation des orchidées.

« Pot » de fougère arborescente.

« Totem » pour la fixation d'un grand sujet ou de plusieurs sujets.

Ce type d'ancrage convient aux petites espèces et petites hybrides, et permet de les déplacer facilement.

Quand rempoter une orchidée

Le mode de croissance d'une orchidée dicte, dans une certaine mesure, quand et comment rempoter une espèce particulière.

Orchidées monopodiales

Comme la croissance monopodiale se fait à la verticale, le rempotage n'est nécessaire que lorsque le mélange se décompose ou que la plante devient trop grande et instable. Les orchidées monopodiales peuvent être rempotées à n'importe quel moment de leur période de croissance active. Certaines peuvent être cultivées dans un panier suspendu, sans mélange de rempotage.

Orchidées sympodiales

La croissance horizontale de ce type d'orchidées fait qu'elles débordent rapidement du pot. Il faut environ deux ans avant qu'une plante ne demande vraiment à être rempotée. Rempotez-la alors dans un pot assez grand pour permettre deux années de croissance. La meilleure période pour rempoter ce type d'orchidées est juste après la floraison ou lorsque de nouvelles racines apparaissent à la base des nouvelles pousses (ci-contre).

Les signes qui ne trompent pas

Cette orchidée sympodiale manifeste par deux indices le fait qu'il est temps de la rempoter :
1. jeunes pousses et nouvelles racines ont dépassé le rebord du pot ;
2. les nouvelles racines à extrémité verte ont commencé à s'allonger. Comme ces racines sont fragiles, cassantes, mieux vaut procéder au rempotage avant qu'elles ne dépassent 4 cm de long.

Les étapes du rempotage

1 Cette plante présente une masse de racines trop serrées et a développé de nouvelles pousses. Éliminez les racines sèches, mortes ou pourries puis divisez la touffe.

2 Chaque nouvel éclat doit comporter quelques belles pousses saines. Coupez les vieilles pousses avec un couteau ou un sécateur tranchant et stérilisé.

3 Prenez un pot assez grand pour ne pas avoir à rempoter avant deux ans. Choisissez un mélange de rempotage approprié (voir page de gauche).

4 Placez l'éclat de touffe dans son nouveau pot, la pousse la plus vieille contre le rebord du pot, puis remplissez de mélange de rempotage. Tassez au besoin avec un bâtonnet.

Les pots et contenants

Les orchidées peuvent être rempotées dans divers types de contenants, dont certains figurent ci-dessous. Les amateurs avertis diversifient le moins possible les contenants, car plus les pots et les matériaux sont variés, plus l'arrosage devient complexe et individualisé. L'idéal est de retenir un type de pot et un type de panier suspendu.

Les paniers suspendus durent plusieurs années et sont parfaits pour les orchidées proches des Vanda et toutes les espèces retombantes.

Légers, les pots en plastique demandent des arrosages moins fréquents que les pots en terre, mais le plastique finit par devenir cassant.

Les pots en terre permettent une évaporation de l'humidité par les parois, ce qui est favorable à la croissance racinaire.

MULTIPLICATION

Comme la plupart des autres plantes, les orchidées peuvent être multipliées par voie sexuée (par les graines) ou par voie végétative (par des organes végétaux autres que les graines). Le semis est une technique longue et complexe. Certaines méthodes de multiplication végétative des orchidées, plus simples, peuvent être facilement par les amateurs. Les techniques les plus courantes sont la division des orchidées sympodiales (voir le rempotage, p. 143) et les boutures terminales d'orchidées monopodiales.

LES KEIKIS

Un certain nombre de genres d'orchidées (par exemple *Dendrobium* et *Phalaenopsis*) produisent des plantules ou rejets, appelés keikis, d'un mot hawaiien signifiant « petit enfant ». Ces keikis se forment sur les tiges ou les inflorescences. Ils peuvent être détachés de la plante-mère et rempotés séparément dès qu'ils présentent plusieurs racines de plus de 2 à 3 cm de long.

LE SEMIS

La multiplication par semis des orchidées n'est guère une technique à la portée des amateurs. Les graines minuscules doivent en effet germer en conditions stériles, et il faut bien souvent patienter trois à cinq ans avant qu'une plante issue de semis ne commence à fleurir. Certains amateurs passionnés ainsi que des obtenteurs expédient leurs graines à des laboratoires, qui se chargent de la germination puis leur retournent les plantules en flacon stérile.

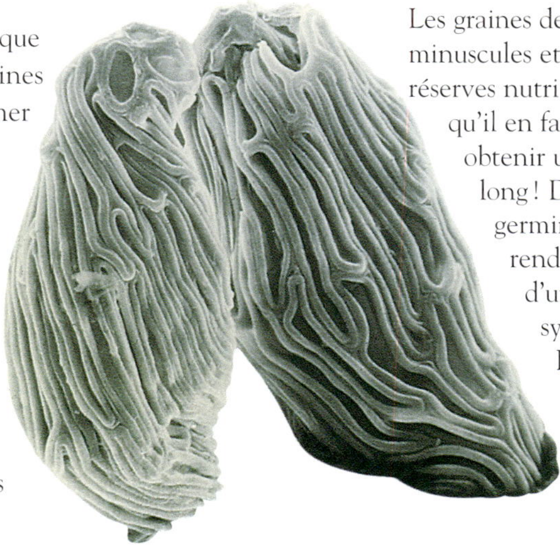

Les graines des orchidées sont minuscules et ne comportent pas de réserves nutritives. Elles sont si petites qu'il en faudrait environ 300 pour obtenir une ligne de 2,5 cm de long ! Dans la nature, la germination des graines est rendue possible par la présence d'un champignon vivant en symbiose avec l'orchidée. Les professionnels savent aujourd'hui faire germer les graines en laboratoire, sur un milieu à base d'agar. Cette technique date des années 1920.

À maturité, la capsule s'entrouvre. Elle peut contenir jusqu'à un million de graines comme les deux représentées à gauche.

1 Commencez par rassembler le matériel nécessaire : pot, mélange de rempotage, marteau, papier journal.

2 Enveloppez le flacon de papier journal, puis cassez-le de façon à pouvoir en extraire la masse de plantules.

3 Rincez bien les plantules et leurs racines sous l'eau tiède pour éliminer le milieu de culture gélatineux et tout éclat de verre.

4 Transférez les plantules dans un pot communautaire. Rempoterez-les séparément lorsqu'elles déborderont du pot.

Entretien courant

Outre le rempotage (p. 143), les orchidées ont, comme toutes les plantes, des exigences culturales spécifiques. Les conseils de culture donnés ici sont très généraux. Pour des informations plus détaillées, adressez-vous à un producteur spécialisé à une association d'orchidophilie (voir p. 159), ou bien consultez un ouvrage consacré à la culture des orchidées.

Lumière

La qualité comme la quantité de lumière jouent un rôle important pour la croissance des orchidées. Si vous avez la chance de pouvoir cultiver des orchidées en plein air ou sous serre, vous n'avez pas à vous soucier de la qualité de la lumière : la lumière naturelle convient bien sûr aux plantes. Si, en revanche, vous les cultivez en intérieur, la qualité de la lumière devient un critère essentiel de réussite. La quantité de lumière dépend de nombreuses variables, notamment la situation géographique, l'exposition, la saison, l'heure du jour et l'environnement immédiat (verre, polycarbonate, éclairage artificiel, etc.). Heureusement, la plupart des orchidées s'adaptent bien à une intensité lumineuse qui varie énormément. En règle générale, la plupart des genres ont une croissance satisfaisante à des intensités lumineuses de 25 000 à 32 000 lux.

Température

Comme les orchidées sont présentes sur tous les continents, elles ont bien sûr des exigences variées en matière de température. Cependant, les études et recherches menées au fil des années ont permis de distinguer trois grandes catégories en fonction de la température. Le tableau ci-dessous indique les températures nocturnes qui conviennent le mieux aux principaux genres cultivés. Comme pour la lumière, de nombreuses orchidées sont cependant capables de s'adapter à une gamme variée de températures.

SERRE CHAUDE 18 °C	SERRE TEMPÉRÉE 16 °C	SERRE FROIDE 10 - 13 °C
• *Aerangis*	• *Bulbophyllum*	• *Angraecum*
• *Aerides*	• *Cattleya*	• *Anguloa*
• *Angraecum*	• *Dendrobium*	• *Bulbophyllum*
• *Arachnis*	• *Laelia*	• *Dracula*
• *Ascocentrum*	• *Masdevallia*	• *Dendrobium*
• *Cymbidiella*	• *Miltonia*	• *Masdevallia*
• *Phalaenopsis*	• *Oncidium*	• *Oncidium*
• *Rhynchostylis*	• *Paphiopedilum*	• *Odontoglossum*
• *Vanda*	• *Phalaenopsis*	• *Paphiopedilum*
• *Vandopsis*	• *Vanda*	• *Pleurothallis*

Arrosage

Un arrosage approprié est sans aucun doute le facteur le plus important pour réussir la culture des orchidées. Les erreurs d'arrosage constituent la première cause de mortalité des espèces en pot. Il est impossible, cependant, d'établir une règle définissant la fréquence nécessaire des arrosages pour une orchidée donnée. La température, la lumière et l'humidité relative sont des facteurs qui ont une incidence sur l'arrosage et qui varient d'un emplacement à un autre, d'une saison à une autre et même d'un jour à l'autre. En général, plus la température et l'intensité lumineuse sont élevées, plus la plante a besoin d'eau,

Quelques plantes peuvent facilement être arrosées dans l'évier.

Une lance d'arrosage est précieuse pour faciliter l'arrosage d'une collection importante.

et plus l'humidité atmosphérique est basse, plus fréquents doivent être les arrosages.

Lorsque vous arrosez, faites-le en profondeur : versez l'eau de façon à bien mouiller tout le mélange de culture jusqu'à ce que l'eau ruisselle en dessous. Non seulement vous humidifierez tout le volume du mélange, mais aussi vous lessiverez les sels minéraux issus des engrais non utilisés et qui pourraient être toxiques pour la plante. Après avoir arrosé, attendez que le mélange soit sec au toucher sur 1 à 2 cm avant d'arroser à nouveau.

Engrais et fertilisation

La fertilisation constitue l'aspect le plus controversé et le moins bien connu de la culture des orchidées. Vous trouverez dans le commerce pléthore d'engrais pour orchidées, aussi la question du choix se pose-t-elle inévitablement. Le type de mélange de rempotage détermine le ratio NPK (azote/phosphore/potassium) nécessaire, l'écorce demandant des apports plus importants en azote (un ratio de 3-1-1), tandis qu'un ratio de 1-1-1 suffit pour tourbe et perlite. Des apports mensuels d'engrais, aux doses recommandées par le fabricant, conviennent bien à la croissance et à la floraison des orchidées. Cela dit, tout engrais pour orchidées bien équilibré doit se révéler suffisant également. Respectez scrupuleusement les doses préconisées par le fabricant car un excès d'engrais peut être toxique pour les plantes.

MALADIES ET PARASITES

Un jour ou l'autre, l'amateur d'orchidées se trouve confronté à une maladie ou à une invasion de parasites. Les problèmes sont le plus souvent mineurs et faciles à résoudre. La meilleure mesure préventive consiste à inspecter régulièrement vos plantes, tous les jours si possible, afin de détecter maladie ou parasite le plus tôt possible, avant que les dégâts ne soient sérieux. Si, par exemple, vous repérez une cochenille au revers d'une feuille, éliminez-la avant qu'elle ne gagne une autre feuille ou plante.

Lorsque les fourmis quittent la plante, elles laissent l'essentiel des pucerons sur place.

Les fourmis transportent les pucerons de plante en plante ou d'un organe végétal à un autre.

PUCERONS
Les pucerons s'attaquent de préférence aux jeunes pousses et aux boutons floraux. Ces insectes qui sucent la sève peuvent causer des dégâts importants. Ils se multiplient très rapidement par temps chaud et sec. Ils sont souvent « protégés » par les fourmis, friandes du miellat collant qu'ils excrètent.

COCHENILLES À CARAPACE
Il s'agit du type de cochenille le plus fréquent chez les orchidées. À la différence des cochenilles farineuses (ci-dessous), celles-ci sont protégées par une carapace cireuse et mobile à l'état jeune. Une attaque sévère comme celle-ci peut être fatale.

LIMACES ET ESCARGOTS
Limaces et escargots déchiquettent fleurs et boutons floraux. S'ils peuvent passer inaperçus, car ils se nourrissent surtout la nuit, les traces brillantes de mucus qu'ils laissent autour des plantes sont un signe qui ne trompe pas.

COCHENILLES FARINEUSES
Ces cochenilles à corps mou, mobiles, passent souvent inaperçues car elles se dissimulent à l'aisselle des feuilles, là où émergent les nouvelles feuilles ou fleurs, ou même sur les racines.

DÉCOLORATION DES FLEURS
Des segments floraux colorés de façon irrégulière sont le signe d'une maladie virale qui n'apparaît qu'à la floraison.

VIRUS
S'attaquant aux orchidées, certains virus provoquent des taches ou des décolorations sur les feuilles, mais d'autres sont plus discrets.

DESSÈCHEMENT DES SÉPALES
Certains gaz, comme l'éthylène généré par les appareils de chauffage, peuvent dessécher les sépales.

LUTTE CONTRE LES MALADIES ET PARASITES
Un peu de prévention vaut souvent bien des remèdes curatifs. Mais, si une maladie ou un parasite cause de sérieux dégâts et ne peut être éliminé manuellement, il faut envisager de recourir aux produits chimiques. Prenez éventuellement conseil auprès d'un professionnel ou d'une association d'orchidophilie. Dans certains cas, notamment lorsque la plante est infectée par un virus, il est souvent préférable d'éliminer celle-ci pour éviter la contamination des autres orchidées.

Les chenilles peuvent rapidement défigurer une belle fleur d'orchidée.

OÙ CULTIVER LES ORCHIDÉES

Il n'est guère difficile de trouver un endroit où cultiver quelques orchidées, que ce soit dans une serre, dans votre intérieur, ou même dehors si vous bénéficiez d'un climat privilégié ! Du moment que vous pouvez leur offrir les conditions nécessaires à leur croissance, les orchidées s'épanouiront chez vous.

EN PLEIN AIR

Les orchidées se plaisent dehors à condition que le climat ressemble à celui des régions tropicales et subtropicales.

SERRES ET VÉRANDAS

Les serres existent dans des dimensions, des architectures et des matériaux très variés. Elles sont adossées ou non, couvertes de verre, de fibre de verre ou de plastique (plaques rigides ou films plastiques). Le choix de la taille de la serre et du type de couverture dépend à la fois de votre budget, de vos projets de culture et de la région où vous vivez. Une serre isolée d'environ 3 x 5,50 m est idéale pour abriter une collection d'amateur.

Une grande serre commerciale permet de produire des milliers de plantes en pot ou de fleurs coupées mais demande des investissements importants et des efforts considérables. Ces *Phalaenopsis* sont en pleine période de floraison.

Les serres d'amateurs sont petites et abritent une collection variée d'espèces et d'hybrides. Il est rare d'y rencontrer une collection entièrement consacrée à un genre particulier.

Dans les régions tempérées, il est indispensable de disposer d'un abri chauffé afin de protéger les orchidées l'hiver.

ÉCLAIRAGE D'APPOINT

Dans certains cas, notamment lorsque les orchidées sont cultivées en appartement, les plantes peuvent ne pas recevoir suffisamment de lumière pour avoir une croissance vigoureuse. Et ce, parce que les fenêtres ne sont pas assez grandes ou trop ombragées, soit parce que les plantes sont assez loin des ouvertures. Ce problème peut être résolu grâce à un éclairage artificiel. Différents types de lampes convenant aux plantes sont proposées dans le commerce.

Des tubes lumineux fluorescents fixés au plafond complètent l'éclairage naturel. Remarquez que certaines plantes sont très proches des tubes.

Le propriétaire de cette collection a aménagé cette pièce sous le toit en véritable serre pour ses plantes ! Lumière naturelle et éclairage artificiel assurent de bonnes conditions de croissance.

UN APPUI DE FENÊTRE

N'importe quelle fenêtre peut être utilisée à cette fin, à condition que les plantes soient protégées du soleil direct derrière la vitre. Un simple voilage entre la fenêtre et les plantes permet de filtrer les rayons de soleil.

EXPOSITIONS D'ORCHIDÉES ET RÉCOMPENSES

De nombreux passionnés d'orchidées, professionnels comme amateurs, prennent un grand plaisir à présenter leurs plantes lors d'expositions consacrées aux orchidées. Ces manifestations, organisées par des associations orchidophiles à l'échelon local, régional ou international, permettent de récompenser les plus beaux stands comme les plantes les plus intéressantes. Depuis 1954, une conférence mondiale, la World Orchid Conference, se réunit tous les trois ans sur un continent différent. Lieu d'échange, d'information et de rencontre, ce rassemblement allie une grande exposition à un congrès où viennent s'exprimer scientifiques, botanistes et orchidéistes du monde entier.

JUGEMENT EN EXPOSITION

MONTAGE D'UN STAND
Ces messieurs discutent de l'endroit où ils vont pouvoir disposer une orchidée sous son meilleur jour, tout en préservant l'effet d'ensemble du stand et sans masquer d'autres plantes ou fleurs.

RÉCOMPENSES
Différentes récompenses peuvent être décernées : au stand lui-même, comme à certaines orchidées par comparaison avec celles du même genre présentes dans les stands concurrents.

JUGEMENT SUR TABLE

L'ŒIL DU JUGE
Hors exposition, une plante est présentée par son propriétaire devant un jury spécialiste qui en appréciera la qualité intrinsèque. De tels jurys se réunissent à intervalles réguliers aux États-Unis, à Londres et dans bien d'autres pays.

RÉCOMPENSES

Les initiales qui suivent les noms des plantes, telles que AM/AOS, indiquent en abrégé les récompenses qui ont été données aux plantes : la première partie correspond à la récompense, la seconde à l'association orchidophile qui l'a décernée (dans l'exemple cité, AOS signifie : American Orchid Society).

Il existe plusieurs sortes de récompenses.

- Certaines couronnent la qualité intrinsèque des fleurs (beauté, nouveauté, amélioration de la lignée génétique) :
FCC **First Class Certificate** (certificat de première classe) ;
AM **Award of Merit** (certificat de mérite).
- L'une souligne la compétence du jardinier, qui s'apprécie au travers de la dimension de la plante, de sa forme, de l'abondance de sa floraison :
CCM **Certificate of Cultural Merit** (certificat de mérite cultural).
- Une autre met en valeur les espèces botaniques inhabituelles présentant un intérêt pédagogique :
CBR **Certificate of Botanical Recognition** (certificat de reconnaissance botanique).

- Les autres récompenses figurant dans cet ouvrage sont :
AD **Award of Distinction** (certificat de distinction) ;
AQ **Award of Quality** (certificat de qualité) ;
CCE **Certificate of Cultural Excellence** (certificat d'excellence culturale) ;
CHM **Certificate of Horticultural Merit** (certificat de mérite horticole) ;
HCC **Highly Commended Certificate** (certificat de qualité supérieure) ;
JC **Judges Commendation** (prix spécial du jury).

- Lors des expositions, des récompenses sont aussi réservées aux plus beaux stands : Champion Display (meilleur stand) au Japon, Gold Medal (médaille d'or) en Angleterre, etc. Même si les modalités changent à chaque exposition, le but reste identique : sélectionner les plus belles orchidées au sein de différents groupes. La plante la plus remarquable, tous genres confondus, aura le titre envié de « grand champion de l'exposition ».

Prix du meilleur stand de l'exposition (Champion Display), décerné à Mukoyama Orchids au Tokyo Dome Show en 2001.

オープンクラス
最優秀賞
2001年空間の旅

OBJETS DE COLLECTION

Les représentations d'orchidées sur de beaux objets sont presque aussi populaires – et excitent parfois plus la curiosité – que les plantes elles-mêmes. Qu'il s'agisse d'une pièce d'argenterie où figure un *Phalaenopsis*, d'un plat en porcelaine représentant un *Cypripedium*, de bijoux en forme d'orchidées, ou de tout autre objet, certains collectionneurs recherchent tout ce qui a trait à leurs fleurs fétiches. En outre, ce type de collection présente un certain avantage : à la différence des plantes, ces objets ne demandent aucun arrosage et sont en fleurs toute l'année !

BILLETS DE BANQUE
Comme les timbres, billets et pièces de monnaie sont l'objet de collections dans le monde entier. Ces billets de banque de Singapour représentent, en couleurs, des orchidées proches des *Vanda*. Chaque billet de valeur différente est illustré par une orchidée spécifique.

BIJOUX
Depuis des siècles, les fleurs des orchidées ont inspiré les joailliers qui ont créé de superbes pièces en argent, en or, en émail cloisonné et d'autres matériaux encore. Les broches figurant à droite, associant émaux et pierres, créés par Tiffany & Co., ont été présentées à l'Exposition universelle de Paris en 1889.

Trois pierres représentent la capsule protectrice de la fleur.

La colonne est soulignée de pierres précieuses, tout comme le pédoncule de la fleur.

Ces timbres représentent les hybrides obtenus par la fondation anglaise Eric Young Orchid Foundation, sur l'île de Jersey.

TIMBRES
De nombreux pays ont produit des séries de timbres représentant des orchidées. Certains amateurs passionnés ont des collections de timbres uniquement consacrées aux orchidées.

Le décor de cette belle pièce a été inspiré par un Cattleya.

VERRE ET PORCELAINE
Royal Copenhagen, Limoges, Lenox et bien d'autres grands noms de la porcelaine ont depuis longtemps fait figurer des orchidées sur leurs pièces et services prestigieux. Paden City Glass Co., une entreprise américain de Paden City, en Virginie Occcidentale, a créé une ligne de plats en verre dans sept teintes différentes, où sont gravées des orchidées. Ces pièces sont aujourd'hui très recherchées par les collectionneurs. Le plat présenté ci-dessus fait partie d'une ligne appelée « Paden City Orchid 2 ».

Coupe à incrustations d'argent et d'or représentant l'orchidée-fantôme, Polyradicion lindenii, *par Marion Ruff Sheehan.*

GLOSSAIRE

A

aisselle Angle entre une ramification ou une feuille et l'axe ou la tige dont elle est issue.
aphylle Dépourvu de feuilles.
apical Qui est fixé ou appartient à l'extrémité de toute structure, par exemple une tige.
asexué Se dit d'un processus de multiplication ne faisant pas intervenir les organes sexués, par exemple lors de la multiplication végétative.

B

bifolié Qui possède deux feuilles.
bigénérique Qui comprend deux genres distincts dans la parenté d'un hybride.
bouquet Groupe de fleurs ou de feuilles proches les unes des autres.
bractée Petit organe foliacé ou écailleux embrassant la base d'une tige, d'une fleur ou d'un groupe de fleurs.

C

callus Protubérance ou épaississement, généralement sur le labelle des orchidées.
capsule Structure protégeant les masses polliniques à l'extrémité de la colonne.
cauda (pluriel : caudae) Appendice très fin en forme de queue.
caudicule Appendice fin, en forme de petite tige, sur les pollinies.
clone Une plante individuelle issue d'une graine, avec toute sa descendance multipliée végétativement.
colonne Organe central de la fleur d'orchidée, formé par la réunion des étamines et des pistils.
cristé En forme de crête, par exemple le bord du labelle de certaines fleurs d'orchidées
croisement Opération qui consiste à transférer le pollen d'une fleur sur une fleur d'une autre plante ; les sujets issus de cette pollinisation.
cultivar Plante unique et les sujets identiques obtenus par multiplication végétative en culture ; il s'agit d'une variété horticole.

D

dormante Se dit d'une plante en période de repos végétatif, sans croissance active.
endémique Présent à l'état naturel sur un territoire donné, pays ou île, et nulle part ailleurs.
éperon Extension creuse, tubulée ou en forme de poche, à la base du labelle, souvent remplie de nectar.
épi Type d'inflorescence portant des fleurs sessiles ou à pédicelle court, sur un axe commun, dressé, non ramifié.
épiphyte Se dit d'une plante qui pousse à l'état naturel fixée sur une autre plante (généralement un arbre), mais qui puise l'humidité dont elle a besoin dans l'air et n'est donc pas un parasite.
espèce Ensemble d'individus issus de parents communs et qui partagent une ou plusieurs caractéristiques qui les distinguent nettement de tout autre groupe végétal. Subdivision du genre dans la classification.

F

famille Subdivision importante dans la classification des êtres vivants, après l'ordre ou le sous-ordre, regroupant généralement des genres proches. Le nom de famille scientifique se termine par *-aceae* ou -acées, comme les *Orchidaceae* ou Orchidacées.
frangé Bordé d'appendices en forme de poils fins.

G

générique Qui appartient à un genre, comme le nom générique de *Cattleya*.
genre Subdivision d'une famille dans la classification, composée d'une ou plusieurs espèces présentant des caractéristiques similaires et ayant une origine supposée commune.
genres alliés Un groupe de genres proches, par exemple *Cattleya* et genres alliés.
grex Groupe de plantes issues d'un croisement donné entre deux espèces ou cultivars. Ce terme collectif désigne toutes les plantes issues de ce même croisement.

H

hirsute Couvert de longs poils raides ou assez grossiers.
hybride Plante résultant du croisement d'une espèce ou d'un hybride avec une autre espèce ou un autre hybride.
hybride primaire Issu du croisement entre deux espèces.

I

inflorescence Groupe de fleurs disposées sur un même axe ; la partie fleurie d'une plante.
intergénérique Se dit d'un hybride obtenu par croisement de deux genres différents ou plus.
introduite Se dit d'une plante rapportée d'un autre pays ou région du monde, intentionnellement ou non.

K

keiki Mot hawaiien utilisé par les orchidophiles et désignant les plantules adventives formées sur une tige ou une inflorescence d'orchidée.

L

labelle L'un des trois pétales, très modifié, de la fleur d'orchidée, destiné à attirer les insectes pollinisateurs.
limbe Partie élargie de la feuille.
lithophyte Se dit d'une plante qui pousse à l'état naturel ancrée sur des rochers.
lobe Toute division ou tout segment d'un organe végétal, par exemple un pétale ou une feuille.
lux Unité de mesure de l'intensité lumineuse.

M

mélange de culture Substrat, mélange de différents matériaux, utilisé pour cultiver les orchidées.
milieu de culture Substance nutritive sur laquelle sont mises à germer les graines d'orchidées.
monopodiale Se dit d'une orchidée présentant un mode de croissance spécifique : une unique pousse végétative poursuit sa croissance année

après année, à partir du bourgeon terminal, comme pour le genre *Vanda*.
multigénérique Composé de plus de deux genres distincts ; se dit en général des hybrides issus de croisements entre au moins trois genres différents.
mycorrhize Structure complexe associant en symbiose des champignons et les racines d'une plante, ce qui est habituellement le cas pour les orchidées dans la nature.

N

nœud Point d'insertion d'une bractée, d'une feuille, d'une verticille de feuilles ou d'une racine sur une tige ou un pseudobulbe.
nomenclature Ensemble des règles appliquées pour créer une classification et nommer les êtres vivants.

O

ovaire Partie de la fleur qui deviendra un fruit après pollinisation et fécondation.

P

panaché Nuancé irrégulièrement de plusieurs couleurs.
panicule Inflorescence ramifiée, lâche, dont les fleurs s'ouvrent depuis le centre, ou les ramifications inférieures, vers l'extérieur, ou les ramifications supérieures.
pédicelle Tige d'une fleur individuelle dans une inflorescence. Chez les orchidées, le pédicelle est généralement dans la continuité de l'ovaire inférieur.
pédoncule Tige d'une inflorescence qui porte les pédicelles et les fleurs.
pélorique Se dit d'une fleur dont les pétales latéraux sont identiques au labelle, ou le labelle identique aux pétales.
pétale L'un des segments de la corolle d'une fleur ; chez les orchidées, l'un des trois pétales est généralement modifié en labelle.
pétiole La queue d'une feuille, qui la rattache à la tige qui la porte.
phyllade Subdivision d'une famille végétale.
pollinarium Ensemble des pollinies, caudicules et viscidium chez une fleur d'orchidée.
pollinies Masses de pollen cireux présentées par les anthères chez la plupart des orchidées.
polyploïde Dont les noyaux des cellules somatiques présentent plus de deux séries de chromosomes.
pseudobulbe Partie épaissie d'une tige, servant d'organe de réserve et qui ressemble à un bulbe mais n'en est pas un.
pseudocopulation Faux accouplement, par exemple entre un insecte et une fleur.

R

racème Inflorescence simple de fleurs munies de pédicelles sur un axe commun plus ou moins allongé.
rhizome Tige prostrée ou souterraine portant des racines, dont l'extrémité émet progressivement des pousses feuillues (chez les orchidées sympodiales).
rostellum Cloison, parfois en forme de bec, séparant les pollinies de la cavité stigmatique et qui produit une substance visqueuse utilisée lors de la pollinisation.

S

segment Élément du périanthe, comme pétale, sépale ou labelle ; toute division ou partie d'un organe composé.
semi-pélorique Se dit d'une fleur d'orchidée dont la couleur du labelle se retrouve dans les pétales latéraux.
sépale dorsal Sépale supérieur des fleurs d'orchidées.
sépale L'une des divisions du calice ; l'un des trois éléments externes chez une fleur d'orchidée.
sépales latéraux Les deux sépales les plus bas dans la fleur d'orchidée.
sépalin Qui appartient aux ou est composé des sépales.
sessile Directement rattaché à la tige, sans pétiole pour une feuille, ou sans pédicelle pour une fleur.
sous-famille Groupe de genres (au sein d'une famille) qui auraient une origine commune.
sous-tribu Catégorie taxonomique inférieure à la tribu, dont le nom se termine en *-inae*.
spathe Organe foliacé protecteur qui enveloppe la tige, en particulier la gaine aplatie protégeant les boutons floraux des *Cattleya*.
staminode Étamine rudimentaire ; terme qui désigne chez les orchidées les pollinies lorsqu'elles ne sont pas masquées par la capsule protectrice.
stigmate Partie du pistil d'une fleur qui reçoit le pollen.
stigmatique Qui fait partie du stigmate.
sympodiale Se dit d'une orchidée présentant un mode de croissance spécifique : la croissance est horizontale, les nouvelles pousses se développant successivement à partir d'un bourgeon du rhizome et se terminant par une inflorescence potentielle, comme dans le genre *Cattleya*.
synsépale Portion ventrale de la fleur du genre *Paphiopedilum*, constituée de la fusion des sépales latéraux.

T

terrestre Se dit d'une orchidée qui pousse ancrée dans le sol par ses racines.
tribu Catégorie taxonomique rassemblant des genres proches au sein d'une même famille.
trigénérique Issu de trois genres différents ; le terme s'emploie généralement pour parler des hybrides obtenus par association de trois genres distincts.
tubercule Partie de tige renflée, pas nécessairement souterraine.

U

unifolié À une seule feuille.

V

variété Subdivision (d'une population) qui se distingue par des caractéristiques mineures des membres typiques d'une espèce.
velamen Couches de cellules protectrices recouvrant les racines des orchidées épiphytes et qui permettent une absorption et une assimilation rapides de l'eau et des éléments nutritifs présents dans l'air.
viscidium Disque collant qui rassemble caudicule et pollinies et assure la fixation de l'ensemble de ces masses polliniques sur le pollinisateur (insecte par exemple).
vivace Se dit d'une plante dont le cycle végétatif dure plus de deux ans.

Z

zygomorphe Se dit d'une fleur qui peut être divisée en deux moitiés symétriques de part et d'autre d'un unique axe de symétrie, comme les fleurs d'orchidées ; qui présente une symétrie bilatérale.

INDEX

Adresses utiles

Sociétés françaises d'amateurs d'orchidées

Association auboise d'orchidées exotiques
29, rue de la Grande-Inglée
52220 Montier-en-Der

Association des orchidophiles
et des épiphytophiles de France (AOEF)
110, chemin des Bergeronnettes
06620 Le Bar-sur-Loup

Association française de culture
et de protection des orchidées (AFCPO)
5, rue Charles-Bernard
94290 Villeneuve-le-Roi

Association francophone
pour le jugement d'orchidées (AFJO)
Secrétariat : 9, allée Roland-Garros
31520 Ramonville-Saint-Agne

Fédération française des amateurs d'orchidées (FFAO)
Hôtel de ville
95600 Eaubonne

Orchidée Armorique
25, rue Théodore-Botrel
35800 Dinard

Orchidées 59
752, rue Nestor-Bouliez
59690 Vieux-Condé

Orchidées et plantes exotiques d'Aquitaine (OPEA)
Maison des Associations
Place de l'Église
33520 Bruges
Tél. : 05 56 57 74 37

Rhône-Alpes Orchidées (RAO)
13, rue de Fontlupt
69008 Lyon

Société d'orchidées Loire Océan (SOLO)
3, rue Harrouys
44000 Nantes

Société française d'orchidophilie (SFO)
17-19, quai de la Seine
75019 Paris
Tél. : 01 40 37 36 46 (répondeur)

Producteurs français d'orchidées

Exofleur
Alfred et Béatrice Pasenau
Chemin de Faudouas
31700 Cornebarieu

La Canopée
Colette et Dominique Barthélemy
Penn an Neach Rozegad
29470 Plougastel-Daoulas

Les Orchidées de Michel Vacherot
La Baume - Le Pont d'Argens
83520 Roquebrune-sur-Argens

Orchidées Marcel Lecoufle
5, rue de Paris
94470 Boissy-Saint-Léger

Vacherot & Lecoufle Orchidées
Philippe et Françoise Lecoufle
« La Tuilerie »
29, rue de Valenton
BP n° 8
94471 Boissy-Saint-Léger Cedex

Remerciements

Crédits photographiques

L'éditeur tient à remercier les personnes et organismes suivants qui l'ont autorisé à reproduire leurs photographies :

Allikas, Greg : 4-5, 7, 44 cd, 50 bm, 53 hd, 55 c, 58 cg, 82 hg, 83, 87 hd, 90 hd, 90 cd, 90 bg, 94 td, 94 cm, 95, 96 cm, 96 bg, 96 bd, 97 hg, 97 hm, 97 cg, 97 cd, 118 cg, 124 hg, 140 cd, 142 toutes sauf bd, 143 (Les pots et contenants), 145 cd, 146 bg, 146 bd, 148 hd, 148 cg, 148 bg, 150 (toutes), 152 bd, 153 ; American Orchid Society : 5 hd, 8 hg, 19 hd, 33, 54 cg, 56 cg, 64 bd, 66 bg, 94 bd, 100 cm, 101, 106 hd, 106 bd, 108 cm, 134 cm, 140 cg, 140 cm ; Baylis, Rebeca : 78 bm ; Beckendorf, Steve : 73 ; Benzo, David M. : 47 bg, 50 cd, 63 hd ; Blooms of Bressingham : 32 bm ; Brochu, M.D., Jean : 55 bd ; Bryan, Dave : 63 bd ; Clark, Richard : 14 hd, 21 bg, 23, 30 bg, 39 hg, 55 bg, 56 cm, 57, 64 bgm, 80 b, 108 hd, 118 bd, 121 tm, 126 cg, 134 bg ; Coleman, Ronald A. : 32 hd, 124 bg ; Corbis : Franken, Owen 8 bg, Cooke, Richard A. 9 hg ; Crichton, Eric : 50 hd, 82 bg, 88 bdm, 126 bm ; Cuenca, Ramon : 54 cd, 62 cg, 118 bg ; Cunningham, Billy : Paulding Farnham : Tiffany's Lost Genius - Harry N. Abrams Publishers : 152 c ; Deifel, Joe : 97 bd ; DK Publishing : 8 c, 10-11 (centre), 21 c, 60 bg, 126 cd, 144 cm ; Dressler, Kerry : 74 cg, 112 hd, 112 cg, 113, 138-139, 141 ; East, III, Bob : 96 bm ; Ellsworth, Lewis : 26 hd, 64 hd ; Fitch, Charles Marden : 2-3, 9 bd, 24 bg, 25, 30 bd, 35 hd, 36 bgm, 36 bdm, 44 hd, 47 hg, 48 cm, 58 cd, 64 cg, 64 bg (incrustation), 67, 74 cd, 75, 78 bd, 80 cg, 98-99, 102 bm, 102 bd, 109 hd, 114 cm, 121 hd, 122 bg, 123, 127, 128 hd, 130 hd, 130 cd, 132, 136 cm, 136 bgm, 136 bd, 142 bd, 143 hd, 143 (les quatre au centre), 144 hd, 144 cd, 144 (les quatre en bas), 145 cm, 146 cd, 147 b, 148 cm, 148 cd, 148 bm, 148 bd, 149 ; Fleig, Richard E. : 4 cg, 36 hd, 36 cd, 59, 64 bdm, 108 bd ; Fletcher, Neil : 114 cd, 114 bg (*Ophrys apifera*) ; Fox, Jackie : 106 cd ; Fujimoto, Dennis : 84 bdm ; Fulks, Gordon : 5 bg ; Goo, Eric : 108 cg ; Green, John : 112 bg ; Hansknecht, Tom : 84 bg ; Hermans, Johan : 5 d, 16-17, 36 bg, 54 bm, 65, 72 cm, 72 bdm, 74 hd, 74 cm, 74 bg, 74 bm, 74 cd, 77 hd, 78 hm, 78 bg, 80 cm, 80 cd, 88 cm, 88 bg, 92 hg, 100 hd, 102 cm, 116 hd, 116 cd, 116 bg, 122 hd, 122 cm, 126 bg, 128 cm, 129, 130 cg, 130 bm, 132 hd, 132 bg, 134 hd, 134 bd, 136 hd, 136 cg, 136 bg, 136 bdm, 137 ; Herrington, Ann : 14 cd ; Hia, Teck H. : 32 cg ; Huber, Eldridge H. : 38 cg, 66 hd ; Japan Gran Prix : 151 ; Johnson, Larry. : 93, 94 cg, 106 cg, 125 ; Keenan, Philip E. : 32 cm, 32 bd, 124 bd ; Kilfeather, Karen : 109 hg ; Klehm, Julius : 97 hd ; Kokin, Monroe : 130 bd, 132 cm ; Levy, Jo : 42 hm ; Levy, Mrs. Ralph, J.-R. : 14 bg, 128 bd ; Lewis, John H. : 50 bg ; Mark, Buddy : 36 cg ; Chuck McCartney : 19 hd, 33, 135 ; McCulloch, James E. : 1, 4 cd, 28 cg, 42 bm, 55 hg, 69 hd, 70 cg, 70 bd, 72 bgm, 72 bd, 80 hd, 100 bg, 109 bd, 118 hd ; McLerran, Paul : 88 hd ; Melendez, Mei Ling : 82 bd, 90 cm ; Miles, Kaden Jensen : 6 hg, 15 (toutes), 18-19, 20 hd, 20 cg, 20 bg, 21 hd, 24 hd, 24 hg, 24 cd, 28 bg, 28 bm, 38 hd, 38 bg, 42 hd, 42 cg, 42 bg, 43, 46 hd, 50 cg, 55 hd, 56 hd, 56 bg, 56 bm, 58 bg, 58 bd, 60 hd, 60 cg, 60 bm, 60 bd, 62 hd, 62 cd, 62 bm, 63 hg, 63 c, 63 bg, 66 cg, 76-77, 78 hg, 78 hd, 80 bg, 82 cd, 84 hd, 92 hm, 92 hd, 92 bg, 92 bgm, 92 bdm, 92 bd, 96 hd, 100 bm, 102 cg, 112 bm, 116 cg, 116 bd, 120 hd, 121 hd, 122 cg, 122 bdm, 124 hm, 124 bm, 126 bd, 128 cd, 130 cm, 132 cg, 132 bgm, 132 bd, 134 bm ; Miller, Alan J. : 97 bg ; Nelson, John : 22 cm, 44 bd, 47 hd, 118 hm ; Norris, Jay : 26 cl, 41 hd, 50 bd, 68-69, 116 bm, 117 ; Oakeley, Henry F. 110-111, 120 cg, 120 hm, 120 bg, 120 bm, 120 bd, 121 cg, 121 cd, 121 bg ; Okuhara, Sadao : 58 hd, 104 bg ; Olsen, Huck : 97 bm ; Osen, James : 22 bg ; Otaki, Richard K. : 20 bd, 48 bd ; Parker, J. M. : 14 cm ; Paroly, Mitch : 4 bd, 24 bd ; Peakall, Dr Rod : 112 cm ; Pendleton, Mark : 21 hg, 22 hd, 26 bg, 26 bd, 27, 28 hm, 28 hd, 28 cd, 29, 30 cg, 30 bgm, 30 bdm, 31, 36 bd, 37, 38 bgm, 38 bdm, 39 hd, 39 cg, 39 cd, 39 bg, 39 bd, 40-41, 44 bg, 46 cm, 46 bg, 47 c, 47 bd, 48 cg, 48 bm, 49, 62 bg, 66 bd, hd, 70 hd, 70 cm, 70 bg, 71, 72 hg, 72 hd, 79, 81, 84 bgm, 84 bd, 85, 100 cd, 100 bd, 103, 104 cm, 104 bm, 105, 109 bg, 112 cd, 114 hd, 114 cg, 115, 119, 121 hg, 122 bd, 124 hd, 126 hd, 128 cg, 131, 134 cg ; Peters, Rhonda : 21 bd, 52-53, 86-87, 106 bg, 111 hd, 112 bd ; Peterson, David : 58 bm, 146 hd ; Pinkers, Arthur T. : 28 bd, 30 hd, 99 hd, 109 cd, 109 bm ; Plank, Larry : 100 cg ; Pruyn, S.C. : 121 bm ; Randolph, Charlotte : 56 cd ; R.F. Orchids Inc. : 96 cg, 97 cm ; Rowden, Charles : 34-35, 38 bd, 48 bg, 51, 64 cd, 82 hd, 89, 90 cg, 104 hd, 104 cg, 108 bm, 109 hm ; Royal Jardin Botanique, Edinburgh : 32 bg ; Ruger : 114 bgm, 114 bdm, 114 bd ; Sheehan, Marion Ruff : 10-11 (toutes sauf celle du centre) ; Siegler, Karl : 48 hd, 90 bd 104 bd ; Stewart, M.D., Robert : 54 hd ; Stubbings, John : 22 bd ; Tauber, Richard : 147 hd ; Teaf, Adrian R. : 14 b ; Templeton, Richard : 42 bd ; Tinschert, Otto : 54 bg ; Upton, Walter T. : 80 bm, 130 bg ; Uribe, Juan Carlos : 66 cm, 122 bgm ; Usery, Butch : 30 cd, 45, 61, 84 cd, 90 bm, 91, 107, 109 cg, 133 ; Volpe, Joe : 88 bgm ; Vondersaar, Joe : 102 hd ; Walters, Ernest : 88 bd ; Wilson, Donald F. : 46 bm, 64 bg, 66 bm, 84 cg, 108 bg, 128 bg, 128 bm ; Wilson, Karen : 72 bg, 94 bg.

Première de couverture :
Angraecum leonis, Johan Hermans
Quatrième de couverture :
h : *Ascocenda* Crownfox Golden Dawn 'Miramar', AM/AOS, Greg Allikas ;
m : *Cattleya aclandiae* 'Joe Elmore', HCC/AOS, James E. McCulloch ;
b : *Dendrobium* Momozono 'Princess', Eric Crichton.
Dos de couverture :
Paphiopedilum goultenianum 'Album', Eric Crichton.

Remerciements de l'auteur

L'auteur remercie tout particulièrement Arlene McGuire, Susan Jones, James Mengel, Pam Giust, Ned Nash, Andy Easton et Sylvia Wood, de l'American Orchid Society, ainsi que les membres du Conservation Committee de l'AOS, dont les conseils sont reproduits en page 140 de l'ouvrage. L'AOS voudrait aussi remercier les photographes qui ont mis gracieusement à sa disposition leurs photographies d'orchidées, ainsi que les horticulteurs qui, par leur talent, ont su offrir à l'admiration de tous la beauté de leurs cultures. Merci également à Kerry Dressler, au Docteur Henry Oakeley et à la R.F. Orchids Inc.

Remerciements de l'éditeur

L'éditeur tient à remercier Jim Watson, directeur des publications de l'American Orchid Society, pour sa collaboration de tous les instants à la réalisation de ce livre. Il tient à remercier aussi Ellen Nanney et Tom Miranda, de la Smithsonian Institution, pour leur contribution. Des remerciements tous particuliers à Greg Allikas pour sa compétence en photographie numérique et à Jonathan Bennett pour sa collaboration artistique.

American Orchid Society

Forte de ses 30 000 membres et de ses 550 sociétés affiliées à travers le monde, l'American Orchid Society est l'organisation horticole la plus importante du monde. Depuis qu'elle a été fondée, en 1921, l'AOS, association scientifique et horticole à but non lucratif, s'attache à développer l'étude des orchidées, leur multiplication, leur conservation au sein de collections ainsi que leur évaluation.
L'AOS est installée dans les locaux de l'International Orchid Center, lequel possède 1,4 ha de jardins botaniques et des serres à Delray Beach, Floride. Tous les passionnés d'orchidées sont invités à se rendre sur le campus de l'AOS, où des visites sont organisées. Son site Internet recense les événements en relation avec les orchidées, les producteurs ainsi que les sociétés affiliées, et donne toutes sortes d'informations sur la culture et la conservation des orchidées.

American Orchid Society
16700 AOS Lane
Delray Beach, Floride 33446-4351, USA
Tél. : 001 561 404 2000
Fax : 001 561 404 2100
E-mail : TheAOS@aos.org
Site Internet : orchidweb.org
Appel gratuit au : 001 882 ORCHIDS (672 4437) ou au 001 561 404 2020